民办高校应用型人才培养高质量发展路径研究

唐维萍　吴三萍 ◎ 著

中国书籍出版社
China Book Press

图书在版编目（CIP）数据

民办高校应用型人才培养高质量发展路径研究 / 唐维萍, 吴三萍著. -- 北京：中国书籍出版社, 2024.4

ISBN 978-7-5068-9848-5

Ⅰ.①民… Ⅱ.①唐…②吴… Ⅲ.①民办高校—人才培养—研究—中国 Ⅳ.① G648.7

中国国家版本馆 CIP 数据核字（2024）第 080447 号

民办高校应用型人才培养高质量发展路径研究
唐维萍　吴三萍　著

图书策划	成晓春
责任编辑	吴化强
封面设计	博健文化
责任印制	孙马飞　马　芝
出版发行	中国书籍出版社
地　　址	北京市丰台区三路居路 97 号（邮编：100073）
电　　话	（010）52257143（总编室）（010）52257140（发行部）
电子邮箱	eo@chinabp.com.cn
经　　销	全国新华书店
印　　刷	天津和萱印刷有限公司
开　　本	710 毫米 ×1000 毫米　1/16
字　　数	217 千字
印　　张	12
版　　次	2024 年 8 月第 1 版
印　　次	2024 年 8 月第 1 次印刷
书　　号	ISBN 978-7-5068-9848-5
定　　价	78.00 元

版权所有　翻印必究

前　言

世界正面临百年未有之大变局，科技革命和产业变革正深刻影响人类的生产、生活方式，中国高等教育步入普及化，以满足人民群众对多样性、实用型高等教育的需求，民办高校因势步入发展的快车道。教育部颁布的《关于引导部分地方普通本科高校向应用型转变的指导意见》《关于狠抓新时代全国高等学校本科教育工作会议精神落实的通知》《中国教育现代化2035》等文件要求民办本科高校坚定应用型人才培养方向，加大教学新基建资源的投入，对标"四新""双一流"开展学科专业内涵建设、扎实推进产教融合，为区域经济和社会发展培养高素质应用型人才。作者认为，作为我国高等教育的重要组成部分，民办高校承担着培养适应社会经济发展需求的应用型人才的责任。目前我国民办高校正处于应用型人才培养的路径探索创新阶段，为进一步提升民办高校应用型人才培养质量，需要对现有的应用型人才培养路径展开研究，厘清民办高校应用型人才培养存在的困难与问题，并提出相应的解决方法及优化策略。

全书分为五个章节，具体结构框架如下。

第一章为理论研究，介绍了民办高校、应用型人才的相关理论。

第二章为国内外应用型人才培养模式研究现状，包括德国"双元制"、北美"合作教育"、英国"三明治"、日本"产学合作"、澳大利亚"TAFE教育"的介绍，以及国内一些学者针对应用型人才培养模式的实践研究成果。

第三章为民办高校应用型人才培养的现状及存在的问题，主要阐述了目前我国民办高校应用型人才培养的现状，分析了其中存在的困难及问题。

第四章为民办高校应用型人才培养的优化对策，主要从政策引导、办学定位、专业设置、师资队伍、实践教学、教学改革、校企合作以及教学质量保障体系等方面提出具体优化措施。

第五章为民办高校应用型人才培养的实施路径——以厦门华厦学院为例，主要阐述了民办本科高校厦门华厦学院构建的"两融合、三循环"协同共进，"3基1特"分阶递进的应用型人才培养模式，并展示了学校应用型人才培养模式改革的阶段性成果——十一个应用型人才培养模式改革的典型案例。

2015年，厦门华厦学院升格为本科高校，学校始终坚持"地方性、应用型、开放式"的办学定位，积极探索和构建适应民办本科高校的应用型人才培养模式。2021年，学校《学科融合视域下"3+1"产学合作共育数字人才的研究》（项目编号：FBJG20210009）获福建省本科高校教育教学改革研究重大项目立项，项目组由校领导牵头，协同各职能部门制定详细的行动方案，在四个二级学院中全面推行"两融合—三循环"协同共进，"3基1特"分阶递进的应用型人才培养模式，历时多年的改革实践，该人才培养模式充分激发办学活力，在一流专业建设、一流课程建设、平台建设、人才培养成效等方面都取得了一定的成果，显著提高学生适应新经济时代的就业竞争力及持续学习能力，有力促进学校内涵式建设和高质量发展。

在本书的撰写过程中，得到了学校领导及各二级教学单位的大力支持，他们对应用型人才培养模式改革提供了强有力的支持及宝贵建议，在此表示衷心的感谢！厦门华厦学院的应用型人才培养仍处于探索发展期，希望广大专家学者对学校人才培养工作提出宝贵意见。由于作者研究水平有限，书中尚有不成熟、不完善的地方，欢迎各位专家学者批评指正，谢谢！

唐维萍

2024年2月

目　录

第一章　理论研究 ··· 1
　　第一节　民办高校 ··· 1
　　第二节　应用型人才 ··· 7

第二章　国内外应用型人才培养模式研究现状 ······················ 11
　　第一节　国外应用型人才培养模式研究 ··························· 11
　　第二节　国内应用型人才培养模式研究 ··························· 19

第三章　民办高校应用型人才培养的现状及存在的问题 ········ 25
　　第一节　民办高校应用型人才培养的现状 ······················· 25
　　第二节　民办高校应用型人才培养存在的问题 ················ 37

第四章　民办高校应用型人才培养的优化对策 ······················ 57
　　第一节　加强政策引导与支持，促进民办高校可持续发展 ··· 57
　　第二节　明晰办学定位，强化办学特色 ··························· 61
　　第三节　调整优化专业设置，加强专业内涵建设 ············· 63
　　第四节　优化师资队伍结构，提升教育教学水平 ············· 66
　　第五节　健全实践教学体系，提升应用型人才培养质量 ··· 69
　　第六节　树立成果导向理念，深化教学改革实践 ············· 72
　　第七节　深化校企合作共享，服务区域经济发展 ············· 75
　　第八节　健全教学质量保障体系，保证教学质量 ············· 83

第五章　民办高校应用型人才培养的实施路径——以厦门华厦学院为例……87
第一节　厦门华厦学院应用型人才培养路径……87
第二节　厦门华厦学院应用型人才培养典型案例……95

附录……144
附录1　厦门华厦学院"3+1"应用型人才培养模式改革项目实施方案……144
附录2　厦门华厦学院本科课程建设通用质量标准……148
附录3　厦门华厦学院本科实习实践教学通用质量标准……159
附录4　厦门华厦学院本科毕业设计（论文）通用质量标准……166

参考文献……177

第一章　理论研究

深入研究民办高校应用型人才培养理论，可以为提升民办高校人才培养质量和水平提供理论支持和实践指导。本章节通过介绍民办高校的发展历程及应用型人才的概念、类型及特征来研究民办高校应用型人才培养理论。

第一节　民办高校

一、我国民办高校发展历程

民办高等教育是我国高等教育系统内的重要部分，对高等教育大众化、普及化均影响深远。截至2021年12月，我国民办高校总数达764所，占高校总数的25.37%，在校生845.74万人，占全国普通、职业本专科在校生总量的24.19%[①]。此项数据充分证实民办高校现已成为我国高等教育的重要组成部分，在我国高等教育系统中发挥着重要作用。

中华人民共和国成立70多年来，伴随社会主义市场经济体制的发展以及政府与市场关系的不断演进，民办高等教育经历了停滞沉寂阶段（1949-1977年），萌芽再生阶段（1978-1992年），探索发展阶段（1993-2001年），快速扩张阶段（2002-2015年），提质创特阶段（2016年至今）[②]。

（一）停滞沉寂阶段（1949-1977年）

这个时期民办高等教育发展进入停滞沉寂阶段。据1950年统计，全国共有

---

① 中华人民共和国教育部.2021年全国教育事业发展统计公报[EB/OL]. http://www.moe.gov.cn/jyb_sjzl/sjzl_fztjgb/2022 09/t20220914_660850.html，2022-09-04.
② 沈新建.新中国70年我国民办高等教育发展展演进路径[EB/OL].中国社会科学网，2020-01-02. http://ex.cssn.cn/zx/202001/t20200102_5069724.shtml.

高校227所，其中私立高校占高校总数的39%。针对当时占比1/3以上的教会大学及私立高校机构，政府采取了"积极维持，逐步改造，重点补助"的方针。此后，1950年8月颁布的《私立高等学校管理暂行办法》要求所有类型的私立高等院校都必须重新进行申请立案，由此拉开了我国高等教育社会主义改造的序幕。至1952年底，大量民办高等院校经过改造转为公立学校，或停办，抑或在随后的院系大调整过程中被拆解重组。

（二）萌芽再生阶段（1978–1992年）

1978年党的十一届三中全会后，中国进入改革开放和社会主义现代化建设新时期，国家把发展民办教育的重要性提到一个新的高度，因此，我国民办高等教育再次萌芽，具体表现为不少社会组织和个人积极创办各种类型的高等教育机构。但当时的民办高等教育机构基本上以技能培训、文化补习为主，大都处于无经费、无师资、无场地的"三无"状态，几乎没有被纳入统招学历教育范畴，社会认可度及影响力非常有限。1992年，党的第十四次代表大会上提出，要"鼓励多渠道、多形式社会集资办学和民间办学，改变国家包办教育的做法"，此后拉开了民办学校发展的新序幕。

（三）探索发展阶段（1993–2001年）

1993年8月，原国家教委颁布了《民办高等学校设置暂行规定》，这是改革开放后第一个关于民办高校的合法化文件，结束了民办高校无章可循的办学状态。当时，北京率先进行了高等教育学历文凭考试试点工作，推动尚不具备独立颁发学历文凭资格的助学机构转变为实际意义上的学校。1997年国务院颁布了《社会力量办学条例》，这是国家第一部专门规范民办教育的行政法规，使民办教育的发展进入法制化阶段。1998年，《面向21世纪教育振兴行动计划》提出调动各方面发展教育事业的积极性；1999年，《关于深化教育改革，全面推进素质教育的决定》提出经批准可以建立民办普通高等学校。此后，随着《国务院办公厅关于国务院授权省、自治区、直辖市人民政府审批设立高等职业学校有关问题的通知》等文件的颁布，民办高等教育得到了持续发展。

（四）快速扩张阶段（2002–2015年）

2002年12月，第九届全国人大常委会通过《中华人民共和国民办教育促进法》(以下简称《民促法》)及其实施条例的颁布,标志着我国民办教育法治建设迈出里程碑式的一步,这是迄今为止专门针对我国民办教育的最高立法。该法把对民办教育事业"积极鼓励、大力支持、正确引导、依法管理"的"十六字方针"上升为法律条文,为民办教育奠定了法律基础,明确了民办教育属于公益事业和社会主义教育事业的组成部分。同时,随着《面向21世纪教育振兴行动计划》的推进,我国高等教育自1999年开始连续大规模扩招,给民办高校带来了机遇。民办教育进入了快速发展环境、规范办学秩序的"快车道"。2003年,教育部将全国360多所"二级学院"进行整改并正式命名为独立学院的举措,为民办高校的发展壮大增添了新的动力。经过一个时期的滚动式发展与积累,该阶段一大批民办高校的办学资质已由以前的非学历教育升级为学历教育;学历层次也由专科升格为本科;校舍方面,此时的民办高校大都建立了自己独立的校区,千亩校园、万人大学已不罕见。民办高等教育办学规模迅速扩张,但教学质量、管理水平发展相对滞后。针对江西等地民办高校爆发的事件,国家陆续下发了《关于加强民办高校规范管理引导民办高等教育健康发展的通知》(2006年)、《民办高等学校办学管理若干规定》(2007年)、《独立学院设置与管理办法》(2008年)等文件,以加强对民办高等教育的规范管理。[①]

(五)提质创特阶段(2016年至今)

随着中国高等教育由精英化到大众化再到普及化的快速发展,"办人民满意的教育"成了新时代高等教育的最强音。民办教育在发展中长期面临法人属性模糊不清、同等待遇无法落实等制度性障碍。2016年11月7日,第十二届全国人大常委会第二十四次会议通过了《关于修改〈中华人民共和国民办教育促进法〉的决定》,随后《国务院关于鼓励社会力量兴办教育促进民办教育健康发展的若干意见》《关于加强民办学校党的建设工作的意见(试行)》《民办学校分类登记实施细则》《营利性民办学校监督管理实施细则》等配套文件颁布,由此开启了民办高等教育非营利性、营利性分类管理的新时代,标志着民办高校正式进入分类扶持、分类管理、差异化发展的新阶段。民办学校在政策的推动下,逐步走向

---

① 阙明坤,费坚,王慧英.改革开放四十年民办高等教育发展回顾、经验与前瞻[J].高校教育管理,2019,13(01):11-18+35

规范化管理的发展阶段。民办高等教育也从前期的外延式规模扩张向内涵式高质量发展转变，这对民办高校走内涵式、特色化、高端型、持续性发展道路具有重大意义。一是突出教育的公益性与机制的灵活性；二是针对营利性民办学校，在"合理回报"法律制度下，抓好正确的办学方向和高质量的人才培养，积极引导中国民办高等教育走向多元化、高端化、全球化发展之路。

自2021年9月1日起施行的《中华人民共和国民办教育促进法实施条例》（修订版），印证了我国民办教育事业从"法制"向"法治"的转变，在实施教育强国战略，促进民办教育事业的科学发展方面，起到了决定性和关键性的作用，在全国形成有一定规模的"多层次、多区域、多形式"民办高等教育体系，以注重质量为核心的内涵式发展模式将成为未来高等教育发展的主旋律[①]。

改革开放40年我国民办高校和高等教育大众化取得了较好的成绩。民办高校在内部治理、培养模式、提升质量等方面进行了积极探索，办学体制、管理体制和运行机制等方面的改革积累了一定的经验，为教育发展激发了活力、增添了动力、释放了红利[②]。一方面，民办高校在提高国民综合素养，促进经济社会发展、保障和改善民生、提供就业和创业机会等方面做出了应有贡献；另一方面，制约民办高校发展的内部和外部环境依然是一个亟待解决的问题。此外，人工智能、区块链、云计算、大数据、5G技术等现代信息技术使教育变得开放性、透明性、共享性、全球性，致使知识增长快、学科变化快、资源流动快成为高等教育现代化鲜明的特征。因此，要以教育逻辑重新审视当前民办高校的发展，追求办学定位的准确性、注重战略规划的适应性、关注不同利益主体利益诉求的权变性，将挑战化为发展机遇，实现民办高等教育的高质量发展。

民办高等教育的发展壮大，推动了我国高等教育路径的多元化发展，满足了人们多样化的教育需求，对实现教育公平具有重要意义。然而，在发展过程中，民办高等教育也面临诸多问题与困境。这就要求管理者把握民办高等教育发展规律，转变民办高等教育办学模式，寻求创新发展突破点，利用民办教育自身优势，促进学生个体发展与社会发展，提高办学质量，打造办学特色，逐步提升民办高

---

① 史秋衡，张坤. 民办高校发展的内在逻辑：重构与转型路径[J]. 高校教育管理，2020，（4）.
② 民办高校行业深度分析及"十三五"发展规划指导研究分析报告[EB/OL]. 中国报告大厅网，2020-01-14. http://m.chinabgao.com/report/5462893.html.

等教育的社会认同度，进一步推动民办教育事业又快又好发展。

二、民办高校内涵研究

（一）民办高校概念

国家教委在1993年8月17日颁布实施的《民办高等学校设置暂行规定》中对"民办院校"进行了详细的阐述，它指出：民办高等学校系指除国家机关和国有企事业组织以外的各种社会组织以及公民个人通过自筹资金，按本规定设立的实施高等学历教育的教育机构。

2002年12月28日第九届全国人民代表大会常务委员会第三十一次会议审议并通过的《中华人民共和国民办教育促进法》第二条在民办教育机构的设立中规定：国家机构以外的社会组织或者个人，利用非国家财政性经费，面向社会举办学校及其他教育机构的活动，适用本法。

自2003年9月1日起颁布实施的《中华人民共和国民办教育促进法》第二条、第三条规定，我们可以得知：民办院校指企业事业组织、社会团体及其他社会组织和公民个人利用非国家财政性教育经费，坚持办学的非营利性，为国家社会发展和经济建设提供各类人才的高等教育机构。

2018年第十三届全国人民代表大会常务委员会第七次会议修订《中华人民共和国民办教育促进法》规定：民办高校指的是企业事业组织、社会团体及其他社会组织和公民个人利用非国家财政性教育经费，依照国家和本市教育行政部门制定的高等学校的设置标准，面向社会举办的实施高等学历教育的学校或实施高等非学历教育的教育机构。分为专科、本科和研究生三个办学层次。

社会普遍认为，民办高校与公办高校的最大差别在于办学经费、办学主体和归属权。公办高校主要经费来源于政府拨款资助和学费收入，而民办高校主要经费来源于民间资本和学费收入；产权属于政府的属于公办高校，产权属于个人或社会组织的则是民办高校；民办高校以个人或社会组织为办学主体，公办高校以国家为办学主体。在实际情况中，通常将这三条准则联系起来界定民办高校[①]。

---

① 陈光.转型时期我国民办高校治理模式研究[D].南京：南京师范大学，2013.

（二）民办高校的特点

民办学校和非民办学校则是从办学主体上来区分的。民办学校有三个明显特征：（1）举办人不是国家机构；（2）资金来源于非国家财政性经费；（3）面向社会举办学校，也就是面向社会招收学生和学员，服务于不特定的群体和公民个人，而不是只招收某个团体、企业、行业、系统和特定群体的人为学生或学员。从现实情况来看，民办学校的举办者主要有：公民个人、私营企业和个体工商户、集体经济组织、国有企业、事业单位和社会团体等。从资金来源渠道来看，有个人自筹资金、个人智力投入（无资金投入）、个人和企业的投资、集资或入股以及捐资等。对于一个特定的民办学校来说，资金来源并不完全是单一的，可以是个人、集体、企业资金的混合。同时，非财政性经费并不排除国有资产的注入[①]。

（三）民办高校的分类

民办高校分类是个宽泛的问题，按照特定的目标导向，选择具体的标准进行归类。根据办学层次不同，其分为专科、本科和研究生教育，包含独立设置的民办高等学校和独立学院。根据《中华人民共和国民办教育促进法实施条例》中的规定，我国民办高校分为营利性和非营利性两种[②]。根据办学类型，民办高校可分为普通本科院校、应用型本科院校、职业本科院校等。依据办学主体，民办高校可分为个人独资办学型、股份合作办学型、非公有制企业投资办学型、国有企业投资办学型及社会团体办学型。依据创办经费来源不同，我国民办高校包括民办公助型、公办高校转制型、滚动发展型和中外合作办学型等。

（四）应用型民办本科院校

应用型民办本科院校，其主要指的是社会企业或个人合理利用相关经费，通过民政部门的登记和注册，根据国家制定的相关法律法规开设，与国家招生计划相统一，旨在为社会发展培养服务、生产、管理等方面的应用型人才，开展本科教育为主的高等教育机构。目前我国民办应用型本科高校的主要特征[③]如下。

---

① 民办学校_百度百科（baidu.com）
② 中华人民共和国国务院.中华人民共和国民办教育促进法实施条例[EB/OL]. https://flk.npc.gov.cn/detail2.html?ZmY4MDgxODE3YjYzYjkzNTAxN2I3YjAwNjNjMTc5YjM，2021-04-07.
③ 潘燕星.区域经济视野下民办高校人才培养研究——以福建省为例[D].福建师范大学，2022.

（1）此类本科院校的经营和管理经费，主要由学校自筹、学费、部分政府补助、社会企业和个人捐助。

（2）此类本科院校办学宗旨是为社会发展培养高素质的技能人才。

（3）此类院校与社会企业的合作相对较多，且合作深度和广度较强，为与社会经济发展所需的各类技能型人才需求相匹配，此类院校在培养过程、培养目标、培养模式、评估体系等方面与传统本科院校存在一定差异。

（4）此类本科院校的人才培养目标为打造具有科学理论与生产实践相结合的专业型人才，通过培养与教育加强人才的理论与实践相结合的能力。

第二节　应用型人才

一、应用型人才内涵

关于什么是应用型人才，许多学者做了研究并做出很详细的论述。中国高等教育界泰斗潘懋元先生认为，应用型人才是"在一定的理论规范指导下，从事非学术研究性工作，其任务是将抽象的理论符号转换成具体的操作构思或产品构型，将知识应用于实践"[1]。吴中江对于应用型人才的内涵有着较为系统的阐述，将应用型人才与学术型人才和技能型人才进行对比，得出应用型人才是有着丰富的理论基础和良好的专业素养，能够将理论与实践相结合的人才[2]。华小洋、蒋胜永在《应用型人才培养相关问题研究》一文中，通过学术型人才和应用型人才的对比，认为应用型人才"致力于利用科学原理改造世界，通过社会实践创造性地解决现实问题，为人类社会提供物质和非物质财富"，并将应用型人才分为综合性应用型人才、专门性应用型人才两个层次[3]。胡建峰认为应用型人才主要在于知识的"应用"，与学术人才从事学术研究不同，是能够在理论指导下将专业知识和技能

---

[1] 潘懋元，石慧霞．应用型人才培养的历史探源 [J]．江苏高教，2009（01）：7-10．
[2] 吴中江，黄成亮．应用型人才内涵及应用型本科人才培养 [J]．高等工程教育研究，2014（02）：66-70．
[3] 华小洋，蒋胜永，朱志勇．试论应用型人才培养体系的建构 [J]．高等工程教育研究，2017（06）：100-104．

应用于所从事专业实践的人才[1]。陈裕先等人将应用型人才定义为"将自己所学习掌握的专业知识和适合的技能应用在社会实践中，将自己掌握的相关理论知识应用在解决实际问题的过程中，最终完成相关技术操作工作的专业人群"[2]。

综上所述可以将应用型人才定义为：能够将自身所获得的专业理论知识和专业技能应用于工程实践，并能够通过不断的学习去解决所从事工作领域的实际问题，具备创新创业能力、实践能力、解决复杂工程问题的能力。

二、应用型人才的类型及特征

学术界也不断致力于对应用型人才特征分析的研究，并以此为基础对应用型人才进行分类。彭志武将人才分为学术型人才、工程型人才、技术型人才、高技能型人才，其中后三类属于应用型人才[3]。唐毅谦等人将应用型人才分为工程应用型、技术应用型、技能应用型三类[4]。刘焕阳等人认为，职业院校与地方本科院校是应用型人才培养的两类主体，但是它们培养的应用型人才的类别是不同的。职业院校培养的应用型人才分为操作型和技能型两大类，地方本科院校培养的应用型人才分为服务型、知识和技能复合型、工程型三大类[5]。潘懋元先生率先借鉴发达国家大学分类经验，同时结合我国大学发展的状况，从人才培养目标与类型方面分析，将大学分为学术型大学、应用型本科大学和职业技术大学三类，三类大学分别致力于培养学术型人才、应用型人才、技能型人才，其中，应用型人才是指能够习得有关生产实践的专业知识与技能，并灵活运用于实践的人才[6]。与学术

---

[1] 胡建锋.应用型人才培养的现实困境与逻辑路径——兼论"项目教学法"的适用性[J].中国职业技术教育，2021（26）：24-29.

[2] 陈裕先，谢禾生，宋乃庆.走产教融合之路培养应用型人才[J].中国高等教育，2015（Z2）：41-43.

[3] 彭志武.应用型人才的多样性与职业教育体系的完整性[J].黑龙江高教研，2008（11）：84-86.

[4] 唐毅谦，陈琳，王钟箐，胡强，朱睿，贺佳.构建分类培养体系培养高素质应用型人才——以成都学院为例[J].中国大学教学，2010（01）：34-36.

[5] 刘焕阳，韩延伦.地方本科高校应用型人才培养定位及其体系建设[J].教育研究，2012，33（12）：67-70+83.

[6] 潘懋元，董立平.关于高等学校分类、定位、特色发展的探讨[J].教育研究，2009，30（02）：33-38.

型人才相比，更突出动手操作能力；与技能型人才相比，应用型人才更强调有较系统的基础科学理论、较宽且扎实的技术基础理论和必要的专业知识，以及更高水平的创新能力、理解能力与实践能力。同时，应用型人才不仅具有适应一线生产实践的能力，还具有对技术进行革新的能力，具有更强的适应多样化生产环境的综合能力[①]。张元宝、沈宗根将应用型人才分为工程应用型人才、技术应用型人才和技能应用型人才，并从工作职能、培养方式、知识结构、能力结构等维度加以区分[②]。

综上所述，应用型人才最根本、最本质的区别在于其所具备的知识结构及所掌握的能力结构的差别。

三、应用型人才与学术型、技能型人才的比较

潘懋元先生将我国的高等学校分为三类，一类是学术型大学，以培养学术型人才为主；第二类是应用型本科高校，以培养应用型人才为主；第三类是职业技术院校，以培养技能型人才为主。社会对三类人才的期待不同，他们发挥的作用和承担的任务有各自的特点，因此需要不同的培养模式来构建他们的知识、能力和素质。

在知识的纵横二维上，学术型人才注重某个学科知识体系的纵向精深，应用型人才注重多学科知识的横向宽广；在知识的类型上，学术型人才要求掌握系统化的科学理论知识，应用型人才则更加注重行业领域的技术性专门知识；在理论和实践的关系方面，学术型人才注重理论研究，用实践来验证理论，并丰富和发展理论，应用型人才注重技术实践，用理论来指导技术应用与生产实践。此外，学术型人才的人生价值体现在发现自然科学、人文社科客观规律，因此注重研究能力、创新能力、批判精神、原创意识和辩证思维的培养。而应用型人才的人生价值在于运用理论知识为社会创造财富，因此注重解决实际问题的能力和社会能力等综合能力的培养。

应用型人才与技能型人才相比，在知识方面，技能型人才注重岗位适用的技能知识，应用型人才注重系统化的技术知识体系，在知识的广度和深度上都有更

---

① 胡璋剑. 应用型人才培养新论 [M]. 北京：中国社会科学出版社，2009：15.
② 张元宝，沈宗根. 本科职业教育视角下的应用型人才培养 [J]. 教育与职业，2018（13）：57-62.

高的要求。在能力方面，技能型人才侧重在工程实践、生产服务领域的实用性技巧或能力，在技能学习方面要求时间短，见效快，专业口径相对较小，对口某一岗位或某类岗位群。技能型人才培养要求理论够用即可，技能要求熟练；应用型人才要求有一定的理论基础，要求全面了解行业内一般的生产流程和工艺，有相对较好的表达沟通、团队协作、组织协调等综合实践能力[①]。

---

① 黄珍. 基于能力本位的地方高校应用型人才培养模式研究 [D]. 华东理工大学. 2021.

第二章 国内外应用型人才培养模式研究现状

国内外应用型人才培养模式研究现状是一个涉及教育、人才培养和就业等领域的重要课题。本章节介绍了国外主要的应用型人才培养模式及其发展现状，分析了我国应用型人才培养模式现状及改进措施。

第一节 国外应用型人才培养模式研究

随着经济和科技的迅猛发展，经济结构的转型升级，新生出更多职业性、实用性强的岗位，各国经济社会对应用型人才的需求逐渐增多，也对应用型人才的质量提出了更高的要求。由此西方发达国家开始关注应用型人才培养，专门以培养应用型人才为目标的大学也应运而生，这些大学的办学定位都是服务区域经济社会发展需要，面向应用、面向实际、面向未来，培养实践能力强的应用型人才，这与我国致力于培养应用型人才的地方本科高校如出一辙。在漫长的历史发展过程中，西方国家经过一系列的应用型人才培养研究和探索，已经形成了一套完整的应用型人才培养体系，为经济社会的发展培养了一大批高素质的应用型人才[①]。

一、国外应用型人才培养开始的背景

美国加利福尼亚大学伯克利分校教授马丁·特罗（Martin Trow）以二战后美国和西欧发达国家的高等教育发展为研究对象，从1970年开始接连撰写多篇文章，分析高等教育扩张的基础现实以及高等教育阶段性转化问题，阐述其以高等教育发展三阶段论和"传统精英主义者、传统扩张主义者、精英主义改革者、扩

---

① 黄珊. OBE 理念下地方本科院校校企协同应用型人才培养研究 [D]. 东北石油大学. 2020.

张主义改革者"四模式论为核心的高等教育大众化理论[①]。特罗教授指出了高等教育大众化的趋势,并分析高等教育普及化的发展方向,以精英教育为主的高等教育培养大量的研究型人才,而社会发展所需要的应用型人才却供不应求,因而,教育需要转型。马丁·特罗教授的高等教育大众化理论为应用型人才培养奠定了理论基础。Reichert. S. 和 C. Tauch 的调查研究表明,欧洲国家91%的教育部门负责人将"就业能力"作为学校教育规划设计的"重要"或"极其重要"的考虑因素[②],此项研究论证了面向市场的应用型人才培养的必要性。

二、国外应用型人才培养的典型模式

通过文献阅读发现,国外应用型人才培养模式比较典型的有德国的"双元制"模式、英国的"三明治"模式、北美的"合作教育"模式、日本的"产学合作"模式、澳大利亚的"TAFE教育"等。以下主要从人才培养模式产生的背景、具体的实践模式以及学者相关研究进行梳理。

(一)德国"双元制"培养模式

随着工业化进程加快、产业结构优化升级,德国对技术和生产者的素质提出了更高的要求,社会迫切需要高素质的应用型人才。这样的背景下,德国应用技术大学逐渐走入公众视野,成为德国高等教育体系的重要组成部分,其基本特征是"地方性"和"应用性","地方性"表现为人才培养服务地方经济发展,根据地方行业和特色产业设置相关专业。"应用型"主要表现为人才培养规格上的"能力导向",以就业需求为导向,面向行业或专业群,培养各个领域第一线从事生产、建设、管理等既有理论知识又有较强实践能力的工程应用型和技术应用型工程师[③]。

"双元制"培养模式开辟了德国培养高级应用型人才的先河,是德国典型的应用型人才培养模式,校企双方共同商定人才培养目标、教学内容,共同实施教学,使校内课堂教学和企业实践教学互相配合。通过企业实践培养学生的实践能

[①] 谢作栩,马丁·特罗.高等教育大众化理论述评[J].现代大学教育,2001(05):13-18.
[②] Reichert. s., and C. Tauch. 2004. Reforming Europe's higher education area: As the fog clears, new obstacles emerge. International Educator 13(1):34-41.
[③] 朱方来.中德应用型人才培养模式的比较研究与实践[M].北京:清华大学出版.

力，解决问题的能力。

在20世纪60年代"双元制"被提出以后，许多学者对其内涵、实施方法、有效性、面临挑战等方面进行了深入研究。"双元制"在20世纪60年代由克申什太奈（G. Kerschensteiner）首先提出，它是一种专业教育的组织模式，分为理论和实践两个部分，学生在企业实践学习和在学校理论学习交替进行，保证了学生技能和素质的全面提升。A. Yu. Pleshakova通过问卷调查、比较分析、实证资料分析，指出德国双元制教育成功地将理论知识的发展与学生的实践活动相结合，能够迅速应对专业领域全球化和转型的挑战[①]。也有学者提出，德国的双元制教育将企业的培训优势和学校的教育优势相结合，其核心目标是帮助学生在行动中获得能力，使他们能够应对当前和未来的职业挑战。Monika Pogatsnik介绍，2015年匈牙利正式引入德国的双元制人才培养模式，并通过定性和定量相结合的研究方法，证实了双元制教育对学生、企业、高校三方都有益[②]。我国学者陈莹研究了德国双元制高等教育的发展现状，并总结出双元制高等教育体系，包含大学理论学习和职业教育相互融合、大学理论学习和企业实践相互融合、大学理论学习和职业相互融合、大学理论学习和职业伴随四种课程类型[③]。

（二）北美"合作教育"培养模式

"合作教育"英文为Cooperative Education，简称"Co-op"或"Coop"，是美国和加拿大最著名的应用型人才培养模式。美国社区学院在漫长的发展过程中，形成了独特的办学特色，具有实用性、灵活性、经济性、适应性四大特征，为美国经济社会发展培养了一大批应用型人才。社区学院采取课程计划开发的方法，根据社区和社会的需求进行专业设置和课程设置，并随着市场的需求灵活增设和删减课程。课程设置上尤其突出实践课程，实践课时几乎占全部学时的一半。学习方式上强调学生协作式的自主学习，通过课堂内外教学的融合、合作学习、基于项目学习等保证学生的学习效果，采用档案袋等质性评估方式而不仅仅是成绩

---

① A. Yu. Pleshakova. Germany's dual education system: The assessment by its subjects[J]. Obrazovanie Inauka, 2019, 21（5）: 130-156.
② Gatsnik. Dual Education: The Win-Win Model of Collaboration between Universities and Industry[J]. International Journal of Engineering Pedagogy, 2018, 8（3）: 145-152.
③ 陈莹. 德国双元制高等教育体系研究[J]. 外国教育研究, 2015, 42（06）: 119-128.

来衡量学生的学习成效[1]。

学者们主要从合作教育的运行模式、作用、借鉴等方面进行研究。Finn（芬兰人）在1997年的研究中指出，面对21世纪的发展，美国合作教育应从单纯的教育战略转向教育学科，将其作为基于经验的学习模式来探讨，重新定义和拓展合作教育的目标和价值[2]。Myers Ella（梅尔斯·艾拉）对加拿大劳伦森大学合作教育参与项目的学生进行访谈，认为合作教育项目实现了企业发展和学生成长的双赢[3]。任海波通过分析加州大学、辛辛那提大学及百森商学院的应用型人才培养模式，得出美国高校应用型人才培养有着以下特点：一是充分考虑社会市场需求，与企业、机构良性互动设置应用型专业；二是明确应用型人才培养目标与规格；三是以CBE模式为基础培养学生的应用能力[4]。林建、彭林详细研究了美国合作教育的认证制度，并认为合作教育对于培养国家战略所需的高层次"知识＋技能"类人才有着不可替代的作用，是高等教育的重要组成部分。朱小军通过分析社区学院产教融合的经验，得出社区学院通过立法等形式提供法律保障，促进校企协同发展。通过建立"项目群"加强社区学院与地方企业深度合作促进经济发展[5]。

（三）英国"三明治"培养模式

二战后，英国经济和科技快速发展，英国社会对应用型人才的需求迅猛增加，百姓呼吁扩大高等教育入学机会，而传统大学已经不能满足社会经济发展的需求。在此背景下，英国多科技术学院的产生恰逢其时。多科技术学院在办学实践过程中，采用以为社会服务的理念，凸显应用性和地方性的办学定位。应用性，是指为地方生产、建设、管理和服务一线培养应用型人才，使学生具有较强的实践能

---

[1] Davis Jenkins, Hana Lahr, John Fink, &Elizabeth Ganga. What We Are Learning About Guided Pathways Part1: A Reform Moves From Theory to Practice[R]. CCRC, 2018: 1–6.

[2] Finn. The spaces between: Toward a new paradigm for cooperative education. [J]. Journal of Cooperative Education. 1997, 32（2）: 36.

[3] Myers Ella. Co-op Povides on-the-job Education. [J]. Northern Ontario Business, 2016, 36（8）: 23-24.

[4] 任海波. 美国高等院校本科应用型人才培养模式研究[J]. 黑龙江畜牧兽医, 2017（06）: 266-268.

[5] 朱小军. 应用型高校产教融合人才培养模式研究——基于美国社区学院办学经验、典型模式的启示[J]. 职教论坛, 2020, 36（10）: 123-129.

力；地方性，是指应用型人才培养着眼于地方，依靠地方，服务地方，与地方政府、企业深度融合，协同培养应用型人才，为地方经济社会发展提供有力的智力支持[1]。陈新忠学者通过整理英国多科技学院的发展历程及应用型人才培养的做法，得出英国对高等教育形式进行合理分流，课程设置进行改革并广泛接纳当地企业行业的需求，打破传统社会秩序培养的学生专业对口促进社会发展。调动企业行业办学积极性，吸引社会人士参与学校教学管理，让教育与产业协同合作[2]。

19世纪以前，以牛津大学、剑桥大学为代表的古典大学注重知识的传授和学术能力的培养，直到19世纪城市学院兴起以后，应用型人才培养的理念才在大学出现，20世纪60年代后形成了比较成熟的应用型人才培养机制。早期的学者主要论述其在人才培养中的重要意义。例如，MooreJ.P.分析了"三明治"培养模式的概念、作用和地位，论述了实践经历在应用型人才培养模式中的重要性，并阐述了该培养模式在国际上的拓展的趋势[3]；又如，ManderM.在论文中试图消除英国人对"三明治"课程的"二流"印象，强调这些课程非常适合当时选择传统课程的大量学生的需求[4]。Emma Copeman在其研究中指出，英国采用"三明治"培养模式，分为"理论—实践—理论"和"实践—理论—实践"两种具体课程形式，将理论与实践紧密结合，注重学生在校期间实践能力的培养，多科技术将理论学习、课程实验与企业实习融为一体，重视培养学生实践能力和解决生产实际问题的能力[5]。我国学者徐同文、陈艳介绍了英国应用型人才培养的背景、机制及其对我国应用型人才培养的启示[6]。

---

[1] 杜才平. 英国多科技学院的办学定位与人才培养[J]. 高等教育研究, 2011, 32（12）: 104-109.

[2] 陈新忠, 卢瑶. 分流施教：英国多科技学院应用型人才培养的经验与启示[J]. 教育与职业, 2016（23）: 23-27.

[3] Moore J. P. Sandwich and Co-operative Education. [J]. Industrial and Commercial Training, 1978. 10（11）: 453-454.

[4] Mander M. Sandwich course-educational advance or modern luxury. [J]. Physics Education, 1979, 14（3）: 134-137.

[5] Emma Copeman. Estimating participation in education, training and employment[J]. Labour Market Trends, 2001, 109（335）: 343.

[6] 徐同文, 陈艳. 英国大学应用型人才培养机制探析及启示[J]. 高等工程教育研究, 2013（04）: 111-115.

（四）日本"产学合作"模式

日本"产学合作""模式是指政府和一些公共团体以实现新技术和产业创新为目的，为教育界和产业界的合作提供资金赞助的模式。Liber（利伯）在研究了日本"产学合作"的模式和实施路径后，表示在我国的产学合作发展过程中，除了确定学校的主体作用之外，还应该明确企业也是主体并且充分发挥着主体作用，更应该加强关注政府的宏观调控能力，让校企合作在政府的引导下探索多元合作模式，培养应用型人才[1]。

（五）澳大利亚"TAFE教育"模式

澳大利亚"TAFE教育"模式的特点是以TAFE学院为主体，政府主要负责规划，引导行业企业积极参与，是新型的现代学徒制度。其核心是"以职业能力为本位"，其学员80%的时间是在工作场所，进行工作本位的学习，只有20%的时间在TAFE进行学校本位学习。在教学内容方面，TAFE教学体系以培养学生实际应用能力为目标，强调实践教学环节，将理论与实践融为一体，两者没有比例要求。教室即为实验室，学习环境就是工作环境或模拟工作环境[2]。Moore J.P.（1978）对TAFE教育进行了分析，表明在应用型人才培养模式中实践能力是非常重要的，并阐述了在国际上这种培养模式的发展趋势[3]。

Helery（海莱瑞）对澳大利亚"TAFE教育"和德国"双元制"的人才培养模式进行对比，认为两者在关于培养学生实践能力等方面存在许多相似之处，而在考核评价方法、生源类型等方面存在一些不同。

三、国外应用型人才培养经验分析

国内关于借鉴国外应用型人才培养经验的文献也为数不少，例如张家勇、朱玉华等人将耶鲁大学本科生人才培养模式特色概括为五个方面：博雅和专精相结

---

[1] Liber, Japanese practical higher vocational education mode based on the cooperation of industry, university and Government Education and careers, 2017（13）, pp. 104–109.
[2] 刘翠兰，征艳珂. 民办本科院校应用型人才培养模式的探索与实践[M]. 济南：山东大学出版社，2012. 11.
[3] Moore J. P, Sandwich and Co-operative Education, Industrial and Commercial Training, 1978, 10（11）, pp. 453–454.

合的哲学理念、继承和创新相结合的文化品性、学科和技能相结合的通识教育、课内和课外相结合的育人方式、严谨和自由相结合的民主氛围[1]。张福勇学者通过对比中澳两国具有代表性的两所应用型大学的人才培养模式，认为在培养目标和课程设置等方面可以借鉴澳大利亚大学的做法，注重培养学生用所学理论解决新问题的能力[2]。李志教授则从行业出发，在其专著《基于中国制造业强国建设的技能人才队伍建设研究》中，通过对美、德、日等制造业强国的人才队伍建设的研究，采用问卷调查、文献分析、时间序列等多种课题研究方法，从制造业技能人才总量、质量、结构等方面分析出我国技能人才供需之间存在的矛盾和问题，并提出有效保障制造业技能人才队伍建设的原则和长效保障机制系统[3]。

在探索应用型人才发展的道路上，民办本科院校在培养过程不断克服困难，获得了一定的成绩，在提高自身人才培养的能力的同时，也间接地促进了地方经济的发展。在人才培养上，以市场需求为人才培养基准方向，注重培养产业经济发展需要的复合型人才，以全方位发展复合人才为主要培养目标，培养专业素质高、具有创新能力、服务意识的综合人才，以为基础经济建设服务，从事专业领域的人才，这些方法也仅限于中国的应用型人才培养的环境，与西方发达国家相比，还处于成长期，与之存在着一定的距离。

学习借鉴发达国家应用型人才培养的模式可以促进我国实现应用型高等教育发展的目标。发达国家应用型人才培养的现状、过程和策略，为我国应用型人才的培养提供了以下借鉴与启示[4]。

（一）创新办学模式

在培养方式上，注重产学结合，加强与社会中各行各业之间的联系，形成特有的产学链，使人才培养与社会需要连接更加紧密。通过资源整合，实行联合办学的方针，以"吸纳、推出"为方针，吸纳聘用企业内人才、经验强的工程人才

---

[1] 张家勇，朱玉华. 耶鲁大学本科人才培养模式探析 [J]. 北京教育：高教版，2012（10）：77-80.
[2] 张福勇. 澳大利亚人才培养模式对我国人才培养的启示——以迪肯大学与东莞理工学院为例 [J]. 大学教育，2020（05）：156-158.
[3] 李志. 基于中国制造业强国建设的技能人才队伍建设研究 [M]. 北京：中国社会科学出版社，2017.10.
[4] 李萍. 民办本科院校应用型人才培养现状及对策研究——以南昌理工学院为例 [D]. 江西农业大学，2017.

以及从业多年的专业人才来校就任教职人员，在此前提下，也可组织现有教职人员到工业基地、公司、社区等不同教学点授课，确立专业的培训项目，培养学生对社会行业的了解和专业能力，减少失业现象。但目前很多院校只注重"吸纳"优秀行业人才，而忽略了"推出"后的培养，院校应以此为切入点，改革教学模式、修正教学方针、重新整合教学资源。

（二）注重完整学期的实习

以德国为例，它的应用技术大学（Fachhochschule，简称FH）以两个学期的实习为主。以实习来锻炼学生的实践认知能力，深入了解企业发展现状，熟悉企业中的各个岗位的现状，提供真实的工作氛围和平台，促进学生在学生与工人之间的角色转换，缩短毕业后适应社会和工作岗位的磨合期时间，使之能够更好地入职工作。

当然，这些都是经过德国院校与企业合作为发展的基础而实现的，产学结合应根据各国实际发展现状而有所调整的，我国不能照搬德国的教育模式，但是将实习时间延长是很有必要的，以更好地让学生了解企业运作、工作流程，让学生迅速进入社会的实习。但是，完全照搬西方的教学模式，在我国高等学校里贸然实行不深不透的实习，必然会背离应用型本科教学的初衷，那么就得不偿失了。

（三）以应用型为导向调整课程结构

旧的课程体系与结构已经无法适应人才培养的需要，调整课程体系和结构成为课程改革的首要条件，为了适应应用型人才培养的需要，首先要调整教学内容，使其大幅度增加职业性的内容，内容必须具有针对性，使学生加强对职业的适应能力。其次要实时更新课程内容，社会经济的发展随时会滋生新兴产业以及新的人才需要，这就需要学校加强对产学链的另一方——"产"的关注，社会以及企业的联系，根据产业的发展，实时更新课程内容，增长学生的专业知识，开拓新的知识领域，提升毕业生适应社会岗位的能力，从而实现社会需求与学校教育的良好互动和结合。

21世纪对于民办本科院校而言，是特殊的机遇，"厚积薄发"是在这个特殊时期民办本科院校发展所必须做到的提高自身能力的首要发展目标。在21世纪新的时代条件下，必须建立明确的发展目标：将"达标"与"脱俗"为发展目标。

"达标"是以办学质量合格为基本要求,"脱俗"则是以自身特有的办学特色为要求,另辟蹊径寻求新的发展道路。"脱俗"以"达标"为基础。

民办本科院校应抓住新时期的发展机遇,重新建立新的本科教育的体系,以发展内在式教育道路为主,提高自身教育实力,营造优秀的教育氛围,为优秀的人才提供优秀的发展空间。

第二节 国内应用型人才培养模式研究

近些年来国家经济与社会飞速发展,在国家提出创新发展"互联网+"等战略背景下,企业面临更大的发展机遇,急需创新突破获得技术升级,这也就对应用型人才的知识、能力、素质提出了更高要求,高素质的应用型人才成为经济社会进一步发展的重要人才资源。国家和地方政府有关部门相继出台各种政策措施,大力引导部分地方高校培养方向向应用型转变。2020年,国家多部门更是发文要求民办高校转型,以培养适应区域社会经济发展的应用型人才为目标,这已成为应用型本科高校的共识。许多地方院校积极探索与实践转型发展道路。

着力开展应用型人才培养工作,不断地进行改革和创新。与此同时,我国学者也提出各自的理论构想与实践探索,推动应用型人才培养研究热度逐渐升温,在应用型人才培养模式的理论研究、实践研究、问题与对策研究等方面取得了丰硕的成果。

一、关于应用型人才培养模式的理论研究

一些专家学者聚焦于应用型人才培养内涵的研究,一是从培养目标出发进行定义,认为应用型人才培养目标是面向实际生产的,着重于培养学生的应用能力和实践能力。二是从知识、能力、素质方面将应用型与学术型人才进行对比,针对其特征进行描述性的界定。例如刘耘文中讲到,应用型人才应具备扎实的专业基础知识,以能力培养为导向,着重于拥有娴熟的专业技能,融知识、能力和素质结构于一体,并能够终身学习[①]。宋克慧在论文中提到,应用型人才是一种将科

---
① 刘耘.务实致用:对地方应用型人才培养模式的探索[J].中国高教研究,2006,(5):7-9.

学原理、专业知识和专业技能应用于所从事专业领域的社会实践的一种人才类型，既包括了从事工程研发、规划、设计、决策的工程型专业人才，也包括生产一线的技术管理人才、技术人才或专业人才，其具体内涵也随着时代及工程教育的发展而不断变化[①]。华小洋、蒋胜永等认为应用型人才的标志是具有技术创新能力和运用知识、技术和现代工具发现问题、设计解决问题方案的实践能力，强调的是动脑能力而非动手能力，强调的是技术创新、解决实际问题而非创新知识、发现规律[②]。

一些专家学者聚焦于应用型人才培养模式的理论创新。顾永安在其著作中明确提出应用型人才培养模式改革应着重课程结构改革、教学内容改革、教学方法改革和考核方法改革[③]。徐理勤指出，应用型人才培养模式改革首先应该明确人才培养规模、标准和口径，突出强调应用型人才的应用性和实践性，并以此为基础制定培养方案，优化课程与教学内容，强化产学合作实践育人，并配备相应的师资队伍、管理体制和评价机制[④]。郭文莉在文中强调了校企合作之于应用型人才培养的重要性，提出了"校企协同、工学融合"的应用型人才培养模式改革路径[⑤]。

二、关于应用型人才培养模式的实践研究

我国对应用型本科高校应用型人才培养模式的实践研究，也取得了不错的成绩。有对某一高校总体的人才培养模式进行探讨的；有针对某一学院或者某一专业进行深入分析，落地到具体课程体系的，从高校课程设置出发打造应用型人才培养模式；也有从创新创业为切入点，构建应用型人才培养模式的；也有面对新时代新征程对高校应用型人才培养的路径进行探索的等等。

---

① 宋克慧，田圣会，彭庆文. 应用型人才的知识、能力、素质结构及其培养[J]. 高等教育研究，2012, 33（7）：94-98.
② 华小洋，蒋胜永，朱志勇. 试论应用型人才培养体系的建构[J]. 高等工程教育研究，2017（06）：100-104.
③ 顾永安. 新建地方本科院校的转型发展[M]. 北京：中国社会科学出版社，2012：187-189.
④ 徐理勤，顾建民. 应用型本科人才培养模式及其运行条件探讨[J]. 高教探索，2007（2）：57-60.
⑤ 郭文莉. 转型与建构：行业背景地方高校工程应用型人才培养模式改革[J]. 高等工程教育研究，2012（04）：25-33.

毛晨蕾、胡剑锋等人通过研究认为，应用型人才培养模式在我国的民办院校中主要遵循以应用为核心、市场需求为导向、实践能力为培训要求的模式开展，并具有一定的企业订单式的校企合作特质。不过在培养目标上存在一定盲目性，课程设置理论内容居多，实践知识偏少，师资力量较为单一，针对培养模式的评价流于表面等问题，从而造成校企合作培养的人才无法与企业的实际需求相匹配，唯有持续强化双方的合作深度和广度，加强创新驱动力，才能达到应用型人才培养的真正目的[①]。朱士中则认为"行业学院"是创新合作教育模式、有效解决合作难题的新机制、新模式。行业学院人才培养机制的探索促进了我国应用型人才培养质量提升，助推了高校与行业协同发展，推进了学校与企业的深度融合，获得了社会各界的广泛好评，他从宏观层面详细分析了常熟理工学院探索行业学院人才培养机制、实施举措和主要成效[②]。

李伟光等人从具体专业出发，面对排水专业存在工科思维定势强、改革动力弱、差异发展观念不足等问题，通过对比哈工大和福建工程学院的新工科建设得出课程应打破学科壁垒来满足排水行业跨界人才需求，课程集群要满足产业需求且互融互通，要与社会"交往"对接地方龙头企业双创训练来培养工程人才的创新思维，双师型队伍需要承接实践基因与产业共同承担实践教学，课程授课形式采用"做中学"模式实现理论与实践无缝衔接[③]。

马亚红等人从课程出发，认为应当采用"一师一优课""精品课程""新工科"等课程加强人才的综合性培养，同时持续培养和引进高素质教师，坚持打造优质教师队伍，才能持续深化应用型人才培养模式的改革进程[④]。

秦亚冰等则从创新创业培养模式出发，以我国目前创业型人才培养模式为切入点，对当前我国本科院校在培养创业型人才时主要采用的方法和路径展开研究，

[①] 毛晨蕾，胡剑锋. 应用型人才培养模式在民办高校中的实践与创新研究[J]. 教育评论，2018，（02）：32-35.

[②] 朱士中. 应用型本科人才培养的机制与模式创新——以常熟理工学院行业学院探索为例[J]. 江苏高教，2016（05）：80-83.

[③] 李伟光，蒋柱武，梁恒，等. 研究型和应用型大学传统工科专业新工科建设比较研究——以给排水科学与工程专业为例[J]. 高等工程教育研究，2023（01）：27-32.

[④] 马亚红，范小娇，邢卓，等. "新工科"背景下民办高校应用型本科物联网工程专业人才培养模式探讨[J]. 课程教育研究，2019（8）：236-237.

认为目前我国高校大学生创业风潮盛行，不少高校从20世纪90年代以来，开始通过多种措施和路径推动大学生创业教育，历经数十年的发展和完善，如今我国创业型人才培养体系逐渐完善和成熟，但仍存在一些不足和问题[①]。

吴杏媚主要从"通过实践掌握理论"的角度出发，充分利用人才培养提升产教融合的发展深度和广度，不断加强应用型人才培养的综合素质。从当前的教育改革进程分析，应用型本科院校在产教融合方面存在诸多缺陷和不足，其中包括教学理念过于陈旧、培养模式单一化、师资力量不完善、评估体系缺乏合理性、保障机制落后、企业参与度不足等，对应用型人才的培养造成一定程度的制约。基于此，坚持从"实践中掌握理论"为切入点，能够真正根据企业和社会发展需求出发，培养高素质的应用型人才，并持续优化和转变教学理念，改善人才培养机制；加强师资力量的建设力度，不断优化和调整评估体系，提升企业和社会的参与积极性[②]。

学者张艳等面对"十四五"时期应用型人才需求的背景，提出应用型人才需要加强政产学合作，一是要将理想信念注入应用型人才培养理念；二是要通过一些产教融合举措打造知行合一的人才；三是以学生为中心的理念，打造高水平的教师团队[③]。

三、关于应用型人才培养存在的问题与对策研究

目前中国知网上输入主题词"应用型人才培养存在问题"共有515条，其中有针对应用型人才培养模式存在普遍问题进行研究的，有针对某一学校的应用型人才培养存在问题提出的，有结合具体专业提出应用型人才培养存在的问题，对地方高校应用型人才培养中存在的突出问题作了许多探讨，并提出了解决问题的路径。周笑非学者提出，地方本科院校战略定位不准，学科与专业结构规划不能够适应地方社会经济发展需要；专业建设未能够形成特色优势；课程建设不能够

---

① 秦亚冰.民办应用型本科高校创业型人才培养模式的研究与实践[J].投资与创业，2020（3）：11-13.
② 吴杏媚.关于应用型本科院校产教融合人才培养模式的思考[J].吉林农业科技学院学报，2020，92（1）：100-104.
③ 张艳，于水波."十四五"时期高校培养应用型人才的路径探索[J].中国高等教育，2022（05）：51-53.

有效服务于地方企业；产学合作育人管理机制不完善。专业和产业对接机制缺失是地方高校应用型人才培养过程中存在的主要问题。加强地方院校战略定位，建立地方政府、高校以及企业协同人才培养学科体系，立足地方资源禀赋形成地方高校特色专业优势，创新知识传授教学体系是完善应用型人才培养的有效途径[①]。

常静提出，针对地方本科高校应用型人才培养中存在的培养目标定位模糊、专业设置不灵活、双师型教师人数不足等问题，地方本科高校构建应以"学生为本"，旨在提高学生综合素质的新应用型人才培养模式。该模式强调人才培养要从多方面入手，要注重目标定位清晰化、专业设置特色化等，为地方高校优化应用型人才培养模式提供有益建议，促进学生专业技术能力的提升[②]。

李颖畅等提出，我国地方本科院校人才培养存在人才培养模式陈旧、课程体系松散、专业理念模糊，应用性学科基础薄弱和实习实训条件欠缺等问题[③]。

中山大学原校长黄达人接受访谈时指出，地方高校的应用型人才培养停留在口号上，并且缺乏对应用型人才培养内涵的深刻理解，并从国家与政府的角度、学校的角度、学生与家庭的角度提出了相应改革举措[④]。

孙秋柏论述了我国在应用型人才培养过程中存在目标定位偏高、专业结构失衡、重理论轻实践、运行机制偏离等问题，并指出应通过准确定位科学发展、面向就业调整结构、面向应用优化课程、健全制度完善机制等措施构建应用型人才培养机制[⑤]。

刘振天重点分析了应用型高校在办学过程中存在的目标错位化和游离化、政策被动化和功利化、实践过程表层化和形式化的问题，并提出了重新认识应用型高等教育的性质、重新定义学术、制定公平正义教育的政策、强化面向市场和社会的定力等对策[⑥]。

---

① 周笑非.地方高校应用型人才培养中存在问题及对策研究[J].智库时代，2019（36）：66-67.
② 常静.关于地方本科高校应用型人才培养模式研究[J].中国职业技术教育，2014，20：27-29.
③ 李颖畅，李作伟，吕艳芳.地方本科院校应用型人才培养模式探析[J].中国电力教育，2014（30）：19-20.
④ 唐景莉，刘志敏.高校转型：重构高教核心价值——访国家教育咨询委员、中山大学原校长黄达人[J].中国高等教育，2015（07）：24-35.
⑤ 孙秋柏.应用型人才培养中的问题成因及对策[J].现代教育管理，2013（10）：74-78.
⑥ 刘振天.学术主导还是取法市场：应用型高校建设中的进退与摇摆[J].高等教育研究，2019，40（10）：21.

应用型人才培养存在的问题的研究让我们发现我们对应用型人才培养的内涵还需要深刻理解，应用型人才培养过程中还存在目标错位化和游离化、政策被动化和功利化、实践过程表层化和形式化等问题。重理论轻实践的结果是应用型人才培养与市场需求的匹配度不高，因此，面向行业需求调整结构、面向应用优化课程、健全制度完善机制，构建多样化的完善的应用型人才培养模式就显得十分迫切[①]。从上述研究中得到启示，应用型人才的实践能力培养是一个关键的切入点，因此，应用型人才实践能力培养现状如何，怎样的人才培养模式才有助于学生的实践能力培养将成为本研究的核心问题。

关于人才培养模式研究表明，虽然不同的学者对培养模式的概念界定和要素分析存在差异，但其核心内容一般都包括人才培养目标、学科专业建设、课程体系、培养途径、教学方法、教学评价、师资队伍等方面。应用型人才的培养改变了高等教育的体系，将其与社会的各行各业联结起来，建立高等教育与社会沟通的枢纽，以此作为发展桥梁，使高等教育不再是"象牙塔"式的教育机构，以社会做高等教育发展的土壤和基石，促进应用型人才的培养，使人才培养适应社会职业发展的需要，提高学生的学习能力和创业创新能力，更加快速地推动社会经济发展的齿轮。

---

① 黄珍. 基于能力本位的地方高校应用型人才培养模式研究[D]. 华东理工大学. 2021.

第三章 民办高校应用型人才培养的现状及存在的问题

民办高校在应用型人才培养中面临一些限制和问题。本章节详细分析了我国民办高校应用型人才培养现状，找出民办高校在应用型人才培养上存在的问题，并提出相应的解决方法。

第一节 民办高校应用型人才培养的现状

一、我国民办高校整体规模情况

多年来，在政府的政策引导和支持下，及众多民办高校创办人的辛勤耕耘下，我国民办高校规模取得了不错的成绩，呈现出稳步发展的态势。根据教育部公开数据显示，截至2023年6月15日，全国高等学校共计3072所，其中民办高校有785所，下面是全国民办高校在我国各个行政区域的分布统计数据（不包含港澳台地区高等学校）。

表3-1-1 2023年全国民办高校在我国各个行政区域的分布情况

行政区域	民办高校数量	行政区域	民办高校数量
四川省	55	广西壮族自治区	27
河南省	53	云南省	21
广东省	52	吉林省	20
江苏省	46	上海市	19
湖北省	44	黑龙江省	18

续表

行政区域	民办高校数量	行政区域	民办高校数量
山东省	44	贵州省	16
河北省	37	北京市	15
福建省	36	山西省	12
湖南省	35	天津市	12
陕西省	33	内蒙古自治区	10
安徽省	32	海南省	9
江西省	31	甘肃省	6
辽宁省	31	新疆维吾尔自治区	6
浙江省	31	宁夏回族自治区	4
重庆市	29	青海省	1

注：数据来自教育部2023年《全国普通高等学校名单》筛选整理

如表3-1-1所示，民办高校的数量不容小觑，排名前十四的省份的民办高校数据均已超过30所，特别是四川省、河南省和广东省，数量甚至达到了五十几所，已经形成一定规模。

根据《2022年全国教育事业发展统计公报》显示，截至2022年，民办高校764所，占全国高校总数的比例25.36%，其中，普通本科学校390所；本科层次职业学校22所；高职（专科）学校350所；成人高等学校2所。民办普通、职业本专科在校生924.89万人，比上年增加79.15万人，占全国普通、职业本专科在校生的比例25.27%。

表3-1-2　2018—2022年民办高校整体规模情况

	2018	2019	2020	2021	2022
民办高校/所	750	757	771	764	764
民办高校在校生人数/万人	649.60	708.83	791.34	845.74	924.89
民办高校占全国高校比例/%	28.16	28.16	28.16	25.37	25.36
民办高校在校生占全国比例/%	16.95	17.71	18.92	24.19	25.27

注：数据来自2018—2022年教育部教育事业发展统计公报筛选整理

如表 3-1-2 所示，2018 年至 2022 年全国民办高校的数量趋于稳定，但民办高校在校生的人数却呈逐年增长的趋势，2022 年民办高校在校生人数在全国高校的占比为 25.27%，是全国高校的四分之一有余。人民政协网教育板块《进一步推动民办高校高质量发展》指出："从规模上看，民办高校可谓举足轻重，成为中国特色高等教育体系的重要组成部分。多年来，民办高等教育在满足多样化高等教育需求、缓解公共教育财政压力、推动高等教育改革、为社会培养高素质人才等方面发挥了重要作用。"①

二、民办高校对区域经济发展的贡献

我国民办教育自筹经费，自建校舍，自聘教师，弥补了国家教育经费的不足，减轻了国家的负担，满足了人民群众多样化的教育需求，改变了我国长期以来由政府兴办教育的单一模式，增加了教育供给，扩大了教育规模，基本形成与公办教育共存、共兴、共荣的态势。当前，我国已启动从"教育大国"迈向"教育强国"的进程，在教育变革时期，作为高等教育重要组成部分之一的民办高校，将培养区域经济社会发展需要的高素质应用型人才作为学校的办学宗旨，以市场发展为学校的办学理念导向，以民办高校自身发展为内在驱动力，实现了民办高校与区域经济协调发展，充分挖掘出民办高校的办学优势以及办学潜能，为区域经济发展培养了众多高素质的应用型人才②。

民办高校为区域经济社会发展提供人才保障。区域内的经济发展离不开应用型人才，应用型人才的能力越强，对经济的贡献就越大。民办高校承担着给区域内培养应用型人才的重要责任。民办高校的管理体制较为灵活，办学自主性大，容易突破传统思维的束缚，根据自身特点和优势办学。当前，社会不断发展，产业结构不断升级，从而促生了大量的新兴服务领域和高新技术领域，社会对人才的需求也发生了一些变化。民办高校应发挥其以市场需求为导向的优势，根据当前区域产业结构的实时变化进行适当的学科专业调整。从产业结构的调整和建设入手，在为区域经济发展培养人才的同时，也能够给予更多的技术支持，人才和技能两个维度的优势提升了民办高校对区域内经济发展的影响力，实现了民办高

---

① 秦和.进一步推动民办高校高质量发展.人民政协报，2023（5）.
② 苏姗.民办高校服务区域经济社会发展的对策研究[D].河北大学，2015.

校与区域经济建设共同发展的目标。

　　民办高校为区域经济发展提供了环境保障。优良的市场环境是区域内经济发展良好的前提，营造一个良好的市场环境对于经济发展的有序性十分关键。[①]民办高校可以有效地提升市场环境的有序性。民办高校拥有着专业的科研机构以及专业的技术人员，因此其在技术创新以及发展高新技术产业方面扮演着重要的角色。而对于区域发展来说，科技型的企业将会主导区域经济发展的主方向，而拥有创新技术及具备创新精神的人才则是这一过程的推进者。对于民办高校来说，其在人才培养、科研攻关以及科研成果转化等方面都有着较大的优势，通过民办高校与区域企业的合作，可以将技术人才以及科研成果输送到企业，促使企业不断升级转型。因此民办高校对区域经济的发展提供了科技支撑，为有效促进地方经济健康、稳定、可持续发展，发挥着不可替代的作用。

　　民办高校的基建和消费是区域经济的增长点。民办高校的快速发展，规模不断扩大以及学生数的增长可以有效促进当地经济的增长。一方面，学校在建设与发展过程中需要不断地进行大规模投资，大量的基础设施的建设可以给区域经济带来新的活力。另一方面，民办高校学生是区域内重要的消费者，有许多学生家庭经济条件优越，他们或从事社会工作兼职或创新创业，随着学生收入的提高，消费额度也在不断增加，假如一名大学生一个月消费1500元，那么一所拥有一万名学生的高校，消费额度就可以达到1500万以上，这样巨大的经济增长可以推动当地经济的发展。

三、民办高校人才培养成效

　　现实表明，不断加强教育内涵建设，提高应用型人才培养质量，是民办高校赢得社会认可、实现持续发展的关键。十年来，我国经济社会发展呈现许多阶段性特征，高等教育发展的环境发生重大变化，创新驱动发展战略深入实施，经济转型、产业升级对人才培养的要求越来越高。面对高等教育结构性矛盾、毕业生就业难等痼疾，民办高校进行了人才培养模式的深刻变革，逐步树立起以提高教学质量为核心的教育发展观，从而适应了市场需求。十年间，民办高校的发展逐

---

① 王琳玮.民办高校与区域经济社会互动发展的探索与实践[J].科技创业，2015（06）：10-12.

第三章 民办高校应用型人才培养的现状及存在的问题

渐由规模扩张转变为质量提升，大多数民办高校不断增强质量意识，逐步完善质量标准，营造质量建设文化，不断深化教学改革，积极推进学科专业建设，健全内部质量保障体系，把资源配置集中到教学上来，提高人才培养质量、注重内涵建设已成为民办高校持续健康发展的主旋律。

本书以《福建省普通高校创新创业教育发展监测报告》的数据作为支撑，分析福建省本科高校毕业生的学科竞赛获奖情况、毕业生初次就业率及毕业生自主创业率，通过对比分析来说明民办本科高校人才培养情况。（表3-1-3—表3-1-6）《福建省普通高校创新创业教育发展监测报告》中共统计了福建省38所本科高校数据，其中公办23所，民办15所。

表3-1-3 福建省本科高校学科竞赛获奖情况[①]

序号	学校名称	性质	2018-2019学年 国家级	省部级	总数
1	厦门大学	公办	173	886	1059
2	华侨大学	公办	155	585	740
3	福州大学	公办	114	502	616
4	福建农林大学	公办	147	386	533
5	福州外语外贸学院	民办	76	446	522
6	厦门大学嘉庚学院	民办	73	385	458
7	福建工程学院	公办	77	353	430
8	闽南理工学院	民办	72	352	424
9	集美大学	公办	62	332	394
10	福建师范大学	公办	46	305	351
11	集美大学诚毅学院	民办	18	321	339
12	龙岩学院	公办	12	233	245
13	闽江学院	公办	25	210	235

[①] 范菁，黄小芳.福建省普通高校创新创业教育发展监测报告（2020）[M].福州：福建科学技术出版社，2021：63-64.

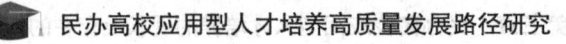

续表

序号	学校名称	性质	2018-2019 学年		
			国家级	省部级	总数
14	三明学院	公办	39	186	225
15	厦门理工学院	公办	48	170	218
16	武夷学院	公办	17	172	189
17	福建江夏学院	公办	32	152	184
18	宁德师范学院	公办	6	125	131
19	福建师范大学协和学院	民办	3	120	123
20	闽南师范大学	公办	9	113	122
21	仰恩大学	民办	2	115	117
22	泉州师范学院	公办	9	99	108
23	莆田学院	公办	23	79	102
24	阳光学院	民办	6	63	69
25	泉州信息工程学院	民办	1	46	47
26	厦门华厦学院	民办	12	20	32
27	福建农林大学金山学院	民办	2	21	23
28	福建中医药大学	公办	0	22	22
29	福州工商学院	民办	0	21	21
30	福建医科大学	公办	2	18	20
31	福建警察学院	公办	1	18	19
32	福州理工学院	民办	0	17	17
33	厦门工学院	民办	0	11	11
34	福建商学院	公办	0	9	9
35	福州大学至诚学院	民办	0	1	1
36	福建技术师范学院	公办	0	0	0
37	厦门医学院	公办	0	0	0
38	闽南科技学院	民办	0	0	0

第三章　民办高校应用型人才培养的现状及存在的问题

如表 3-1-3 所示，2018-2019 学年，福建省各本科高校学科竞赛获奖总数前三的高校分别是厦门大学、华侨大学、福州大学，均为公办高校。福州外语外贸学院排名第五，是民办本科高校第一位。15 所民办本科高校中，只有福州外语外贸学院、厦门大学嘉庚学院、闽南理工学院、集美大学诚毅学院、福建师范大学协和学院排名在前 50%，其余 10 所民办本科高校均排名在后半段。

表 3-1-4　福建省本科高校 2019 届毕业生初次就业率[①]

序号	学校名称	性质	2019 年	变化趋势
1	福州理工学院	民办	99.73%	—
2	泉州信息工程学院	民办	99.33%	↓
3	厦门华厦学院	民办	99.28%	
4	福州大学至诚学院	民办	99.18%	↑
5	福建江夏学院	公办	98.92%	↑
6	仰恩大学	民办	98.56%	↓
7	福州工商学院	民办	98.26%	↑
8	厦门工学院	民办	97.50%	↑
9	阳光学院	民办	97.50%	↓
10	厦门理工学院	公办	97.44%	↓
11	武夷学院	公办	96.98%	↓
12	华侨大学	公办	96.21%	↓
13	闽南理工学院	民办	96.10%	↓
14	莆田学院	公办	96.02%	↓
15	闽南科技学院	民办	95.93%	↓
16	福州外语外贸学院	民办	95.83%	—
17	福建技术师范学院	公办	95.73%	↓
18	福建农林大学金山学院	民办	95.67%	↑

---

① 范菁，黄小芳. 福建省普通高校创新创业教育发展监测报告（2020）[M]. 福州：福建科学技术出版社，2021：63-64.

续表

序号	学校名称	性质	2019年	变化趋势
19	福建农林大学	公办	94.57%	↓
20	闽江学院	公办	93.57%	↓
21	宁德师范学院	公办	93.23%	↓
22	龙岩学院	公办	93.19%	↓
23	福建师范大学协和学院	民办	93.12%	↑
24	厦门大学嘉庚学院	民办	93.06%	↓
25	福建师范大学	公办	92.40%	↓
26	泉州师范学院	公办	92.26%	↑
27	集美大学	公办	91.95%	↓
28	福建工程学院	公办	91.92%	↓
29	三明学院	公办	91.81%	↓
30	福建警察学院	公办	91.52%	↓
31	闽南师范大学	公办	91.41%	↓
32	福州大学	公办	90.76%	↓
33	福建中医药大学	公办	89.25%	↑
34	集美大学诚毅学院	民办	87.64%	↓
35	福建医科大学	公办	85.26%	↓
36	厦门大学	公办	78.18%	↓
37	福建商学院	公办	—	—
38	厦门医学院	公办	—	—

注：数据来源于《福建省普通高校创新创业教育发展监测报告》

如表3-1-4所示，2019年福建省本科高校毕业生共计119656人，初次就业率为93.35%。38所本科高校中，就业率在95%以上的有18所。其中，排名前三名的分别是福州理工学院、泉州信息工程学院、厦门华厦学院，均为民办本科高校。15所民办本科高校中，有12所排名在前50%。

第三章　民办高校应用型人才培养的现状及存在的问题

表 3-1-5　2019年福建省本科高校毕业生就业质量调查情况[①]

序号	学校名称	性质	就业薪酬（元）
1	厦门大学	公办	8279
2	福州大学	公办	6865
3	福州外语外贸学院	民办	6240
4	华侨大学	公办	6225
5	集美大学	公办	5789
6	福建警察学院	公办	5586
7	厦门大学嘉庚学院	民办	5544
8	福建医科大学	公办	5259
9	福建工程学院	公办	5251
10	福建农林大学	公办	5245
11	福建中医药大学	公办	5136
12	厦门理工学院	公办	5052
13	福建师范大学	公办	4958
14	福州大学至诚学院	民办	4908
15	厦门工学院	民办	4847
16	福建江夏学院	公办	4833
17	闽南师范大学	公办	4813
18	泉州信息工程学院	民办	4756
19	闽江学院	公办	4735
20	集美大学诚毅学院	民办	4689
21	福建师范大学协和学院	民办	4664
22	三明学院	公办	4651
23	福建农林大学金山学院	民办	4646
24	福州理工学院	民办	4625

① 范菁，黄小芳.福建省普通高校创新创业教育发展监测报告（2020）[M].福州：福建科学技术出版社，2021：63-64.

续表

序号	学校名称	性质	就业薪酬（元）
25	莆田学院	公办	4586
26	仰恩大学	民办	4556
27	龙岩学院	公办	4511
28	闽南理工学院	民办	4501
29	阳光学院	民办	4428
30	泉州师范学院	公办	4409
31	厦门华厦学院	民办	4405
32	福州工商学院	民办	4305
33	闽南科技学院	民办	4298
34	武夷学院	公办	4271
35	宁德师范学院	公办	4153
36	福建技术师范学院	公办	—
37	福建商学院	公办	—
38	厦门医学院	公办	—

注：数据来源于《福建省普通高校创新创业教育发展监测报告》

如表3-1-5所示，对2019届毕业生的问卷调查显示，参与调查的毕业生的就业薪酬平均为4964元，就业薪酬排名来自前五的高校依次是厦门大学、福州大学、福州外语外贸学院、华侨大学和集美大学，其中只有福州外语外贸学院是民办高校。15所民办本科高校中，只有5所排名在前50%。

表3-1-6 福建省本科高校参与调查的2019届毕业生自主创业率[①]

序号	学校名称	性质	自主创业人数	调查总人数	自主创业率
1	福建师范大学协和学院	民办	160	1978	8.09%
2	福建农林大学金山学院	民办	56	938	5.97%
3	莆田学院	公办	118	2451	4.81%

---

① 范菁，黄小芳.福建省普通高校创新创业教育发展监测报告（2020）[M].福州：福建科学技术出版社，2021：63-64.

续表

序号	学校名称	性质	自主创业人数	调查总人数	自主创业率
4	闽南理工学院	民办	87	1918	4.54%
5	厦门华厦学院	民办	15	356	4.21%
6	泉州师范学院	公办	97	2472	3.92%
7	福建江夏学院	公办	123	3280	3.75%
8	厦门理工学院	公办	35	948	3.69%
9	三明学院	公办	100	2890	3.46%
10	闽江学院	公办	89	2614	3.40%
11	福州外语外贸学院	民办	85	2784	3.05%
12	泉州信息工程学院	民办	26	883	2.94%
13	厦门工学院	民办	5	173	2.89%
14	福州工商学院	民办	42	1537	2.73%
15	福建工程学院	公办	48	2007	2.39%
16	集美大学	公办	29	1308	2.22%
17	武夷学院	公办	13	597	2.18%
18	阳光学院	民办	3	151	1.99%
19	闽南师范大学	公办	11	572	1.92%
20	集美大学诚毅学院	民办	2	105	1.90%
21	福州大学至诚学院	民办	19	1066	1.78%
22	龙岩学院	公办	13	739	1.76%
23	闽南科技学院	民办	11	629	1.75%
24	厦门大学嘉庚学院	民办	6	395	1.52%
25	福州大学	公办	7	624	1.12%
26	福建师范大学	公办	22	2355	0.93%
27	仰恩大学	民办	9	1021	0.88%
28	宁德师范学院	公办	7	836	0.84%
29	厦门大学	公办	6	795	0.75%

续表

序号	学校名称	性质	自主创业人数	调查总人数	自主创业率
30	华侨大学	公办	6	1010	0.59%
31	福建中医药大学	公办	1	196	0.51%
32	福建警察学院	公办	3	647	0.46%
33	福建农林大学	公办	2	525	0.38%
34	福建医科大学	公办	1	450	0.22%
35	福建技术师范学院	公办	—	—	—
36	福建商学院	公办	—	—	—
37	厦门医学院	公办	—	—	—
38	福州理工学院	民办	0	16	0.00%

注：数据来源于《福建省普通高校创新创业教育发展监测报告》

如表3-1-6所示，对2019届毕业生的调查问卷显示，参与调查的41266名本科毕业生中，有1257人选择了自主创业，所占比例为3.05%。自主创业率排名前三名的高校依次是福建师范大学协和学院、福建农林大学金山学院和莆田学院，前三名中有2所是民办本科高校。15所民办本科高校有9所排名在前50%。

通过对以上福建省本科高校人才培养成效数据统计分析，我们可以清晰地看到，民办本科高校学生的初次就业率及自主创业率整体水平较高，部分民办高校数据明显优于公办高校。而学科竞赛获奖数及就业薪酬则依然是公办高校占优，民办高校整体水平较弱。数据分析结果说明了随着民办高校的发展和国家政策的支持，民办高校在办学理念、教学质量等方面的提升，以及校企的深度合作，提升了学生的实践与创新能力，使民办高校毕业生的就业竞争力逐渐增强。但与公办高校相比，民办高校在专业建设、师资队伍、实验实训条件投入方面依然存在一定差距，同时民办高校学历的社会认可程度普遍较低，因此，呈现出民办高校毕业生就业质量不高，表明学生的综合素质及就业竞争力仍需进一步提升。

第二节 民办高校应用型人才培养存在的问题

一、办学定位不清晰,办学特色不突出

(一)办学定位内涵不清晰,政策举措落实不到位

所谓办学定位,也可称作办学方向定位,就是一所大学对于自身办学类型和办学道路的定位。办学定位的重要性,集中体现在它是管长远、管全局的东西,是办好一所大学的"定盘星"和"方向标"。办学目标是指学校在教育教学工作中所追求的长期目标和发展方向,是学校发展的总体方针和指导思想,对于学校的教育教学工作具有重要的指导意义。办学定位和办学目标之所以重要,是因为它们关乎学校生存和发展,是一所大学办学理念的集中体现,是人才培养的风向标和指路石,更是作为一所大学的灵魂和根本而确立的[①]。

福建省的民办高校发展处于全国的中等水平,分析其办学目标和办学定位对于人才培养现状具有重要意义。下面列举了福建省部分民办本科院校的办学定位和人才培养目标情况。(表3-2-1)

表3-2-1 福建省部分民办本科院校的办学定位和人才培养目标一览表

序号	高校名称	学校类型定位	人才培养目标
1	厦门华厦学院	地方性、应用型、开放式	培养德智体美劳全面发展,理论知识扎实、实践能力突出,具备创新精神、数字素养、国际视野,可持续发展的高素质应用型人才。
2	福建外语外贸学院	立足福州、面向福建,辐射全国及东南亚,以培养外向型、创新型的高素质应用型人才为目标,服务地方经济社会发展和国家"一带一路"战略的应用型普通本科高等学校	培养综合素质好、创新精神和实践能力强、德智体美劳全面发展的外向型、创新型的高素质应用型人才

---

① 高培勇.办学定位、办学特色和办学方略的探索与抉择——关于"如何办好中国社会科学院大学"问题的系统思索[J].中国社会科学院大学学报,2022,42(01):5-21+142.

续表

序号	高校名称	学校类型定位	人才培养目标
3	福州工商学院	以城市建设、管理和服务为特色的多科性、应用技术技能型高校	培养德智体美劳全面发展，适应福建乃至国家社会发展和经济建设所需的应用技术型高级专门人才
4	福州理工学院	地方性、应用型	培养具有社会责任感、科技创新精神和产业服务能力，德智体美劳全面发展的工程师和管理人才
5	闽南科技学院	立足闽南，服务区域经济社会发展和现代产业体系建设，具有侨乡特色的高水平应用型本科高校	高层次、应用型、复合型专门人才
6	闽南理工学院	应用型、地方性、开放式、特色化	培养德智体美劳全面发展，适应区域经济社会发展需要的高素质应用型创新人才
7	泉州信息工程学院	应用型本科高校	培养德智体美劳全面发展的"实基础、强能力、能创新、高素质"的应用型本科人才。
8	厦门工学院	应用型、地方性、国际化	培养出适应21世纪经济建设和社会发展需要的复合型、创新型高素质人才

注：数据来自于各学院官方网站。

如表3-2-1所示，当前福建省民办本科院校的办学定位基本上都确定在建设"应用型"大学上。人才培养目标定位有"高素质应用型人才""高层次、应用型、复合型专门人才""外向型、创新型的高素质应用型人才"等，大部分福建省民办高校的人才培养目标都落脚在"应用型人才"。但也存在个别高校人才培养目标定位较为模糊的情况。

通过对福建省部分民办本科院校的实地调研，发现在访谈和座谈中部分学校领导和部门负责人难以具体清晰地解释其学校办学定位的内涵。在学校、部门、二级教学单位的制度和文件中也很少见到相关解释和落实的措施。出现这个问题，说明学校对办学定位的全面落实重视不够，没有系统思考并给出清晰的解读，更没有制定制度和措施层层落实并检验，这样会造成办学定位难以得到全面的实现。

（二）办学同质化，特色不突出

办学特色是一所大学赖以生存和发展的生命线，只有特色鲜明的高校才能得到社会的认同，才有可能在激烈的竞争中立于不败之地。民办高校作为我国高等教育的重要组成部分，在21世纪得到了迅速发展，并在发展中逐渐形成了自己的办学特色。教育部评估中心《普通高等学校本科教学工作水平评估方案》中将"特色项目"与7个一级指标单列，并把"特色鲜明"作为优秀等级的必备条件；《普通高等学校本科教学工作合格评估指标体系》中更把"注重办学特色培育"作为合格评估的基本要求，可见国家对高校尤其是新建本科院校培育办学特色的重视程度。

办学特色可以理解为一所学校在发展历程中形成的比较持久稳定的发展方式和被社会公认的、独特的、优良的办学特征。其是一所学校区别且优于其他学校的独特的办学风格和风貌，是其他学校难以企及的，是学校个性化的典型特征、内在的气质，像性格一样内化于学校办学之中，始终潜移默化地影响着学校的改革和发展，是外界认识学校的一个重要方面。办学特色体现在办学理念、办学模式、专业设置、校园文化等不同的层面上。具体来讲办学特色的区分度主要表现在：一是独特性，个性鲜明，本校所特有，特立独行，区别于其他学校；二是优质性，优于其他学校，"人无我有，人有我优、人优我特"；三是稳定性，长期积淀而成，非一朝一夕之功，经得起历史和时间的考验，稳定而持久，为社会和师生所广泛认同；四是发展性，与时俱进，随时代和外部环境的变化而不断丰富和发展，不断创新和完善，是继承中的发展，发展中的继承。[1]

形成办学特色需要学校具有品牌意识，是学校综合分析自身优劣势，充分了解市场需要后找准学校在经济、社会、科技发展中的定位，基于国家教育法律法规的办学指导，在长期的办学实践中形成的，优于其他学校的卓越的教育理念、独特的办学风格、先进的教学手段，体现了学校组织、利用教育资源所取得的突出教育效益的教育模式和教育成果以及学校已经具有的持续性或传统性教育优势。[2]

---

[1] 吕跃森，孙惠利.新建本科院校"办学特色"建设存在的问题及对策[J].兰州教育学院学报，2017（09）：65-66+69.

[2] 周敏.独立学院本科应用型人才培养模式研究[D].武汉理工大学，2006.

民办高校经过多年发展，无论是办学理念、课程设置、人才培养模式还是师资队伍建设都在逐渐完善与提升，但是由于发展时间较短、办学定位不准确，在办学特色建设上显露出缺乏特色、特色不突出、为特色而特色等共性问题。一是缺乏特色。一些民办高校办学定位不明确，找不准自己的位置，在目标上追求"高大全"，纷纷将争创"省内一流""国内一流"作为自己的办学目标，将"一流"视为特色，有的把学校的学科齐全、规模强大、办学历史长等当做办学特色，而与办学特色紧密相关的培养目标、专业建设、人才培养模式、师资队伍培植与建设等则被弱化。二是特色不突出。虽然一些民办高校在办学模式、学科专业、人才培养、应用科研等方面也有自己的特色，但这些特色缺少凝练与培育，致使特色不突出、不鲜明，甚至一些学校盲目跟随市场需求模仿其他高校办起了社会热门专业，由于不结合本校办学定位、忽视办学规律，导致办学资源浪费，无法彰显办学特色。三是为特色而特色。作为评估的必备指标，一些民办高校为了迎接评估，突击创建办学特色，试图用个别的特色项目来带动学校的整体发展，而这些特色项目缺乏深厚的积淀和长远的发展规划，后期办学过程中也没有配套政策和制度做支撑，这种为迎合学校评估而仓促创建办学特色的短期行为，违背了高校办学规律和办学特色的形成规律，无法真正促进民办高校内涵式发展。

二、专业设置杂乱无序，与地方经济发展联系不紧密

虽然大部分民办高校在发展过程中已经关注到根据社会需求进行专业设置，也涌现出一批专业特色明显且受到用人单位欢迎的特色高校，但从整体看，民办本科院校专业设置仍存在很多问题。与公办高等院校相比，民办院校办学经验相对缺乏，专业设置在一定程度上模仿公办高校，因此存在和公办高校类似的专业设置趋同问题，且许多民办高校的专业设置和调整缺乏深入的市场调研和严格论证，设置不够科学规范。另外，由于民办高校有别于公办高校，依靠非国家财政经费办学，具有显著的"经济人"特征，所以其深受短期实用主义的影响，专业变化频繁。[1]

---

[1] 程晓静，骆四铭.民办高校本科专业设置和调整研究——基于BCG矩阵的视角[J].现代教育科学·高教研究，2015（1）：76-79.

（一）专业设置同质化严重，偏好低成本专业

我国大多数民办高校是2000年以后创建的，在初创阶段，专业设置缺乏经验。民办高校的办学目标是培养应用型、实用型人才，专业设置应与培养目标相一致。但实际上，民办高校专业目录是按公办高校培养研究型、理论型人才设计的，公办高校模式明显。民办高校专业大多根据学生的择业需求和社会经济建设的需要而设立，基本没有自己的特色，且热门专业比重较大。

通过对多所民办本科高校的资料研究发现，目前民办本科高校的专业设置中文史类、经管类专业占据主要部分，而对应培养应用型人才的理工科专业较少。而这部分专业的主要特点就是对于实践教学环节的要求较高，需要配套齐全的专业实验室、昂贵的设备和器材，而且在实习和实训阶段还需要花费民办本科高校的大部分精力寻找合适的校企合作单位。而文史类专业，偏重于理论教学，在教学资源上无需消耗过多资源，可在较大程度上节省办学成本，作为轻松好学的专业常常受到考生及家长的青睐。[1]

（二）缺乏深入调研和论证，与办学定位、人才需求脱节

民办高校在设置专业时往往盲目追求学科专业的"大而全"，同质化现象普遍，不能准确掌握地方市场对人才的需求，导致专业结构失衡。行动跟不上思想，民办本科高校在思想上和口头上充分重视市场、关注市场，行动上却缺乏动力做出改变和调整。

民办高校大多对市场前景缺少充分分析，致使热门专业过多，毕业生就业常常因为人才培养相对于经济发展的滞后性而遭遇就业萧条期，造成缺乏就业竞争力。同时，很多民办高校在专业调整和建设过程中，缺乏对自身的剖析和了解，忽视培养某些专业人才所需具备的配套资源（如师资、实验设备、实验场所等）。许多民办高校从专业提出到专业培养目标确定、教学计划制定，基本是利用收集到的有限资料"闭门造车"，很少对新设专业进行严格的科学论证。这导致很多民办高校的专业设置背离其办学定位，比如有些理工类民办高校开设大量的经济类、管理学类、文学类专业，而与办学定位相符的专业类却紧缺，导致其在民办高校中质量优势并不明显。

---

[1] 孙晓洁.民办本科高校应用技术型人才培养问题研究[D].中原工学院，2019.

在调查中发现，部分民办高校为了"精简人员"和"节约成本"，除校办、财务、教务、学生、就业等核心业务部门正常设置"学科办""高教研究所"等一些相对"务虚"的职能部门被取消或合并，导致在民办高校行政架构中没有负责、协调、执行专业设置的专门机构。这样，决策层所需的信息片面、零碎，既没有科学预测的支撑，也缺乏统筹全校需求的考量。此外，在专业设置中，程序上对引入的外部专家论证或第三方评估缺乏保障，一些民办高校即使吸纳了各类专家学者、行业企业专家进入专业教学指导委员会，但经走访座谈发现，专业教学指导委员会实际运行频率较低，有些一年甚至只召开一次例行会议，很难发挥应有的智囊作用。

（三）追求规模经济，专业数量盲目扩张

通常而言，根据办学定位、办学传统、产业结构、职场需求、知识技能演进等因素来设置专业是高等学校遵循的一般规律，但无论是"个人本位论""社会本位论"还是"学科本位论"等规律原则都是民办高校专业设置的支配逻辑[1]，实质上"规模经济"隐性支配着民办高校的专业设置。分析发现，在校生规模和一级学科数量之间关系达到显著相关。

21世纪初高等教育大众化进程加速为民办高校持续扩张规模带来入学需求支撑，民办高校（尤其是新升本或建校时间较短的民办高校），为了获得更多的办学经费，企图通过短期内专业数量的快速增加，从而扩大办学规模。由于长期处于规模扩张的单一发展模式中，大部分民办高校对专业科学发展的规律认识不清，对专业设置及其发展重视不足。认为"招聘几位老师就可以搭建一个专业，短期就可以招生"反映了部分民办高校建立者、办学者的普遍认识，专业仅仅成为招生的载体，宁愿把更多精力和资金用在外在包装和宣传上，高生师比、低设备利用率、学时不足等办学问题被漂亮的校园和林立的高楼所掩盖。[2]

（四）专业设置变化频繁，不利于专业内涵发展

作为面向市场、自主办学、自我发展的独立办学主体，民办高校专业设置往

---

[1] 林蕙青.高等学校学科专业结构调整研究[D].厦门大学，2006.
[2] 潘奇，阙明坤.民办本科院校专业设置的问题、成因与对策——基于129所民办本科院校的调查[J].教育发展研究，2016（17）：79-84.

往以办学成本较低的专业为优先考虑对象，重视投入产出比，尽可能降低成本。在专业设置上考虑短期社会需要的多，较少考虑社会长期发展趋势和需要。这种对利益的指向和对社会经济热点的迎合，使得民办高校专业变动频繁。许多院校每年都有增加和淘汰的专业。这种"短、平、快"的专业设置方式能够给高校带来当下利益，但不符合高等教育自身发展的规律。盲目变换专业必然使专业内涵建设跟不上专业规模扩大的步伐，最终影响人才培养质量，从长远看，对民办高校自身的可持续发展不利。

这种专业设置的随意性和不合理性，主要是因为民办高校现代内部治理结构的缺失，专业设置决策大多取决于办学者个人的认知和偏好。从我国民办高校办学的现实情况看，大部分办学者是企业家出身，并不具备高等教育背景，缺乏高校规划管理的能力，多凭个人经验或喜好来进行决策。在实地调查中，有些民办高校办学者仍坚持新设就业市场饱和的"红黄牌"专业，并不考虑供求关系平衡的滞后性及人才市场的流动性等因素。

三、师资力量薄弱，内驱力不足

透过我国民办高等教育的发展历程可以发现，围绕高等教育质量提升的话题，师资队伍建设已经成为民办高校建设和可持续发展的主旋律。民办高校专任教师及所占比例在过去10多年里，实现了跨越式增长，根据最新年鉴统计，2009-2020年，民办高校专任教师由20.20万人增至36.89万人，增长率高达83%[1]。民办教师数量实现了飞跃式增长，但是民办教育的这种野蛮式生长，必然存在一些问题。

（一）专任教师数量总体不足，教学质量受质疑

虽然全国民办专任教师数实现了跨越式增长，但是就具体民办高校而言，专任教师数量总体不足，尤其是具体专业中，更显得不足，一个专业"一正两副"指标难以达标。主要原因在于民办高校的办学性质决定了其资本的逐利性。民办高校的办学经费主要来源是学生的学费和社会捐赠，由于缺少国家公有财政经费拨款支持，办学所需的经费往往捉襟见肘。为了控制成本，民办高校一方面要抓

---

[1] 最新历年各级各类民办教育专任教师数汇总[最新年鉴]－道客巴巴（doc88.com）.

好高校人才培养质量,另一方面要控制办学成本和追求利润最大化。因此只能更看重学生招生规模而轻师资队伍规模。从目前全国民办高校现状来看,专职教师和兼职教师是民办高等学校师资队伍的两大主体。聘任兼职教师,是大部分民办高校的优先选择。大部分民办高校不愿意多聘请专任教师,导致民办高校专任教师师资总体数量不足,而兼职教师的归属感不强,影响人才的培养质量。

(二)师资队伍结构不合理,教学质量难保证

民办高校与公办高校相比,在社会地位、社会保障等方面存在较大的差距,教师不是事业编制,属于企业编制,导致民办高校吸引力不够,很难招聘到拥有博士学位或高级职称的中青年骨干人才。

目前民办高校师资队伍结构不合理,主要表现在以下两个方面:一方面,从教师队伍职称结构来看,民办高校新招聘以及入职时间较短的教师所占比重较大,而这部分教师大多为初级职称或中级职称,导致高级职称人员比例偏低。另一方面,从教师队伍学龄结构来看,民办高校拥有博士学位的专任教师比例远低于公办高校,博士化率占比非常低,普遍存在学科专业带头人和高级职称人员严重不足现象;年龄结构体现为"哑铃型",两极分化较为严重。民办高校以年轻教师或退休的老教师居多,缺乏高水平的中青年骨干教师[1]。

(三)教师专业发展受限,教学水平不高

"高校教师专业发展是指那些为保持和促进高校教师个人专业能力发展,使他们在特定的院校中完成各种任务的项目、活动、实践和策略[2]。徐雄伟研究员曾在《教育发展研究》刊物上发表题为《民办教师专业发展影响因素的实证研究——以上海为例》,将教师专业发展分为四个维度[3]:一是职业理想与伦理规范(职业认同、教育理念、职业操守);二是专业知识与文化素养(专业知识、文化素养);三是教学能力与成效(教学工作量、基本教学技能、教学效果);四是科研能力与成效(学术水平、参与学术会议)。民办高校因逐利性和成本控制,在教师进

---

[1] 孙杰.韧性视角下民办高校师资队伍治理的逻辑理路[J].江苏高教,2022(11).
[2] Menges R J, Mathis B C.Key Resources on Teaching, Learning, Curriculum, and Faculty Development: A Guide to the Higher Education Literature[M].San Francisco: Jossey-Bass, 1988: 254.
[3] 徐雄伟.民办教师专业发展影响因素的实证研究——以上海为例[J].教育发展研究.2017(07).

修培训；科研平台建设等方面投入有限，导致教师自身发展受限，教学水平难以提升，从而导致教师职业认同感和组织归属感不强，容易造成优秀教师的流失，导致教师队伍不稳定。

（四）教师流失率高，教师队伍不稳定

徐雄伟研究员描述了教师离职的五种情况，作者认为具有普遍性，分别为：一是受其个人或家庭因素影响选择其他行业或职业；二是受编制稳定、保障较高等因素影响转入公办高校、事业单位等单位；三是进入薪酬福利待遇整体水平较高的大型国企、大型外企等单位；四是受学校转型及搬迁影响，或已到退休年龄而流失；五是转入相对发展空间较大、较好的民办高校同行单位。民办高校师资队伍不够稳定、流动性大，从短期看直接影响了教学质量；从长远看，则会影响民办高校人才培养质量及办学水平的提升。

另外，通过采访部分民办高校教师发展中心主任，普遍反映："教师流失率很大，有些老师评完副教授或读完博士就离职了；也有青年老师在入职工作2-3年过渡下，找到公办高校或更好的单位就跳槽了，把民办高校当作跳板；又比如有老师从国外进修完回来就提交辞职书；究其原因在于教师的三感缺失。一是教师的幸福感缺失，新修订的《中华人民共和国民办教育促进法实施条例》虽作出了"民办学校应当依法保障教职工待遇""国家鼓励民办学校按照有关规定为教职工建立职业年金或者企业年金等补充养老保险"等规定，使民办高校相关的教师待遇保障在法律层面得以体现，但条例中"依法""鼓励""有关规定"等语义均较为模糊，缺乏对应的政策文本依据，其结果是民办高校教师"仍然不可能像公办高校教师那样拥有国家事业编制身份，与之相应的待遇差距也是显而易见的"。厦门大学高等教育研究院团队曾进行过一项关于全国民办高校教师社会保障问题的调研，结果显示超过60%的教职工对当前的薪酬待遇不认可，41%的教师对"是否长期在本校工作"则回答"视情况而定"。可见，当前民办高校教师对薪酬的满意度整体偏低，教师的职业归属感不强[1]，教师难以找到幸福感。二是教师成就感的缺失。民办高校往往重教学、轻科研。"教而不思，教而不研"，民办高校

---

[1] 别敦荣，石猛.民办高校实施分类管理政策面临的困境及其完善策略[J].高等教育研究，2020，41（3）：68-76.

教师往往转变为教书匠，只重视"教书"，而忽视科学研究。教师的个人发展动力不足，缺乏成就感。三是教师荣誉感的缺失。民办高校招收的学生相对基础较弱，学习的积极性和主动性不够。课堂上学生随意讲话交流等现象时有发生，导致课堂教学质量不高。长此以往，这些问题导致许多民办教师动力不足，职业荣誉感下降。"三感"文化认同缺失导致民办高校的教师过早地产生职业倦怠，甚至出现频繁跳槽，严重影响教师队伍稳定性。

四、实践教学投入不足，实践教学体系不完善

狭义的实践教学体系主要是指实践教学的内容体系，广义的实践教学体系是由实践教学活动的各要素构成的有机整体，包括实践教学活动的目标、内容、管理和质量保障等要素[1]。在应用型人才培养过程中，实践教学成为关键的教学环节，是应用型人才培养的必要环节也是学生认知职业、适应就业的重要过程。大部分学校开设的实践教学环节包括课内实验、课程设计（实训）、专业认识实习、生产实习、毕业实习、毕业设计等几个环节。由于民办高校不断扩招以及民办高校的自身特点，实践教学环节或多或少存在以下一些问题[2]。

（一）实践教学意识不强

从教师角度看，中国高等教育强调理论教育为主，虽然地方院校提出了应用型人才培养思路，但重理论轻实践的思想在民办高校中仍然存在，教师在授课过程中仍以理论讲授为主，考试内容主要是理论知识，实践教学处于从属地位。另外，实践教学比理论教学难度大，不仅需要教材还需要实物。教学工作组织较复杂，从实验设计、实验准备到实验报告的批改都要详细安排，所以有个别教师避重就轻，甚至不进行实践教学，在实验时只是走过场，对实践教学重视程度不够。从学生角度看，学生对实践教学重视程度不够。理论课程都要进行期末考试，属于必修课程，相比较而言，实践环节的课程考核方式不够严格，容易过关，造成学生对实践环节积极性不高。

---

[1] 向梅梅，刘明贵. 应用型本科高校实践教学研究[M]. 广州：暨南大学出版社，2011.
[2] 张鸿，李鑫，崔慕岳. 民办高校实践教学体系重构研究[J]. 中国成人教育，2013（10）：156-158.

（二）办学经费紧张，实验实训设施投入不足

民办高校在发展过程中，由于办学时间短，经费来源单一，底蕴不足，加上许多基础设施投资大，造成经费紧张，导致学校内部的教学实践基地和实验、实训设备不能满足培养应用型人才对实践能力的要求。另外，因民办高校的经费来源单一，申请手续繁杂，周期较长，尤其对理工科的学生来讲，实验课中用到的硬件设备不能及时更新或到位，严重影响到了实验质量，继而降低教师和学生的实验积极性。

（三）实践教学体系不完善，缺乏系统性

实践内容缺乏对学生综合素质的培养，现有大多数课程的实践教学内容相对独立，虽然能够实现某门课程自身的综合能力与素质的培养，但是课程之间、年级之间的大型的综合题目缺乏有机组合，体现不出连贯性、系统性，不利于学生对所学知识的综合应用。另外，民办高校缺乏大型的、综合性的创新实验中心，无法完成大型的、综合性的项目。且实践教学单元安排不科学，分布零散，实践内容仅为一些与实验设备配套的基础性验证实验，不利于科学思维习惯和创新能力的培养，学生分析问题、解决问题的能力未得到强化和提高。

（四）实践教学师资力量薄弱

实践教学师资力量薄弱，主要体现在以下几个方面：一是民办高校出于成本效益考虑，教师工作量较重，身兼数职，往往没有提高进修的时间，也很难抽出较长时间进入企业实践，不能及时充电，严重影响教学水平和科研能力提升。二是民办高校的实践教学人员较少，很多实验项目的指导工作由理论教学教师兼任，导致教师任务繁重，无暇分身从事更深入的科研和实践。三是民办高校起步晚，受自身及社会认知的限制，从公办高校和企业引进高端技术人才，难度较大，致使民办高校教师来源单一，主要从毕业于本专业的硕士研究生和博士研究生中引进，师资队伍年轻化，他们对企业生产了解不多，几乎没有工程实践背景和经历；缺乏"双师型"教师，难以培养动手能力很强的学生。四是虽有部分教师知道实践教学在高校教学中的重要性，但由于知识水平、专业素养等原因限制，而导致教师的教学活动根本不能带领学生进行知识与技能实践探索。

（五）校企合作的深度不够

当前大部分高校与企业之间的项目合作以短期的、一次性的合作或者交易为主，适用于一些成熟的、投资小、见效快的技术，高校与企业之间的合作仅仅停留在较为粗浅、松散的层面，有的甚至就是一纸协议，尚未达到深度合作。学生接触相关行业、企业的机会不多，缺乏职业素养方面的培训，难以提升未来就业的竞争力。另外，因企业有生产任务，而且社会经济环境的变化造成企业与学校合作的积极性不高，考虑到生产效益，多数企业不能安排学生直接上岗实训，不愿意接收学生实习，学生所学理论知识与实习过程中接触到的生产过程和生产工艺相脱节，不能深入体会，导致其学习效率低。

（六）实践教学质量监控体系不健全

至目前为止，与理论教学的质量监控相比较，民办高校实践教学的质量监控存在明显不足：一是缺乏相应的质量标准，监控和评价体系不完善。实践环节与理论环节相比，形式多样，有实训、实习、实验、课程设计、毕业设计等多种形式，实践内容随专业、年级、课程的不同而有很大不同，考核方式多种多样，考核主体有学校教师，也有企业人员。实践环节的多样性和复杂性导致很多高校在实践环节的安排上随意性较为突出，没有形成像理论教学一样规范的监控标准和评价体系。实践环节与理论环节巨大的差异性决定了实践环节不能简单套用理论环节的监控标准和评价体系，由于没有明确的监控体系导致高校不能准确掌握实践环节的教育效果，不能确保学生是否掌握了所需的实践能力和创新能力，是否达到了人才培养目标的要求，是否能让用人单位满意，是否能满足地方经济的需求。另外很多高校实践教学的质量监控集中在了监督上，而忽视了评价与诊断、反馈与改进，监督能保证实践环节按计划进行，而评价与诊断能反映出计划执行过程中出现的问题，反馈与改进才能真正促进实践教学质量的提高，实践教学质量监控自身是成体系的，应该是一个闭环的、螺旋上升的质量提升系统。二是监控主体单一，职责不具体。目前实践教学监控主要由高校各级教学管理部门负责，但很多管理人员不了解专业实践教学内容，只能对实践环节的时间、地点和教师情况和实践环节形成的文档情况进行监控，而无法对实践过程和实践效果进行根本上的监控和评价，更加无法发现实践问题和改进措施，不能有效促进实践教学质量的提高。

五、教学改革停于表面，OBE 理念落实不到位

深化教学改革是提高民办高校教育质量的关键。随着教学改革的不断推行，国家对人才培养提出了更高要求，传统的教学理念、教学模式以及教学思维弊端逐步暴露出来[①]。相比于公办学校，民办高校本身处于弱势地位，在教改路上将面临更多问题，比如学校信息化建设不足，教师教学改革意识薄弱，课堂教学模式传统且单一，OBE 理念落实不够等。

（一）教学改革理念较为淡薄

在我国一些民办高校中，教师应用型教育教学改革理念的淡薄以及 OBE（Outcome-Based Education）理念的落实不到位成为制约教学质量提升的主要障碍。

1. 部分教师对于应用型教育教学改革理念的认知和理解较为淡薄

目前，传统的教学方式在民办高校中仍占主导地位，一些教师过于依赖传统的授课方式，对于引入创新性教学方法或采用新技术的意愿不够强烈。这可能与教育背景、学科特点以及教师培训机会的缺乏等因素有关，造成教育理念的滞后。

2. OBE 理念在一些民办高校中的落实并不到位

OBE 强调以学生的学习结果为导向，注重培养学生的综合素质和实践能力。然而，一些高校在实际教学中未能真正贯彻 OBE 理念，依然过于注重课程的覆盖和传授知识。[②] 评价体系也偏向以考试分数为主，忽略了对学生实践能力和综合素质的全面评估。

3. 管理层对于教学改革的支持力度相对不足

一些民办高校的管理层未能制定明确的教育发展战略，缺乏对于创新教育理念的有效引导，未能对教师提供定期培训和学科交流机会，使得教师在新的教育理念、先进的教学方法上缺乏必要的知识和技能。

---

① 敬艳丽，胡亚兰. 民办高校教学改革困境及出路探究——以成本会计学课程为例 [J]. 会计师，2022（18）：122-124.
② 聂晨，吕淑云，石美祺. OBE 教育理念下的高校课程建设存在的问题与对策 [J]. 科技风，2022（23）：17-19.

（二）教学模式过于传统

在我国的许多民办高校中，课堂教学模式往往存在传统单一的趋势，这种现象严重影响了教学质量和学生综合素养的培养。

1. 传统的讲授模式占主导地位

在一些民办高校中，仍然普遍采用传统的教学方式，教师主导课堂，以授课为主，学生被动接受知识。这种模式忽视了对学生的主动参与和思辨能力的培养，限制了学生对于知识的深刻理解和应用能力的提升。

2. 互动性不足

传统单一的教学模式往往忽视了师生之间的互动和学生之间的合作。课堂上缺乏学生提问、教师引导讨论和小组合作等元素，使得学生在学习中难以主动思考和交流，影响了他们的学术交流和团队协作能力。

3. 课程设置较为僵化

在一些民办高校中，课程设置仍然以传统的专业课程为主，缺乏跨学科的融合和实践性项目的设置。这使得学生在课程中难以获得全面的知识和综合素养的培养，难以适应复杂多变的社会需求。

4. 信息化技术手段运用不足

在信息技术飞速发展的今天，一些民办高校仍未能充分利用现代科技手段来支持教学。缺乏在线教育平台、虚拟实验室等技术工具，限制了课堂教学的灵活性和多样性。

5. 教学评价机制的单一性

一些民办高校的考核评价仍然过于注重考试分数，忽视了对学生实际能力、实践经验和创新能力的评估。这导致教师更加侧重传统的知识灌输，而忽略对学生的全面素养培养。

（三）信息化教学建设与培训投入不足

近年来，我国民办高校在信息化建设方面虽有进展，但在利用信息化手段进行教育教学改革上仍存在诸多不足。首先，部分学校信息技术基础设施滞后，缺乏先进的硬件设备和网络支持，影响了教学资源的数字化整合和共享。其次，一些学校未能建立健全的信息化管理体系，缺乏系统性的规划和组织，使得信息技术在教学中难以充分发挥作用。缺乏对信息技术的深刻理解和应用，导致师生在信息化环境下的互动和协作水平相对较低，制约了教学效果的提升。

在线教育平台的不足也是一个显著问题。很多民办高校尚未建立完善的在线教育平台，缺乏多样化的数字学习资源和互动工具。这使得学生在学习过程中难以灵活选择适合自己的学习路径，同时也限制了教师教学内容的创新和多样性发展，影响了教学质量。

师资队伍的信息化培训亟待加强。部分教职工对新兴的信息技术了解不深，缺乏在信息化环境下进行教学的能力。这导致教学过程中未能充分发挥现代技术的优势，使得课堂内容难以贴近学生生活和实际需求。教师在信息化时代的角色转变，需要更多的专业培训和支持。

（四）教学改革激励机制不健全[①]

民办高校在教师教育教学改革的激励机制方面的欠缺，制约了教育教学水平的提升。

1. 薪酬激励机制相对单一

一些民办高校普遍依赖固定薪酬制度，忽视了对教师教学表现的差异性激励。这种机制导致教师缺乏积极性，难以激发其对教学质量的追求，影响了教育教学改革的实质推进。

2. 晋升晋级机制不透明

一些民办高校的晋升机制缺乏透明度和公正性，不够注重教师的教学贡献。相较于学术研究成果，教学质量的考核和评价体系相对薄弱，使得教师更倾向于在学术研究上投入更多精力，而忽视了教学改革。

3. 教育教学改革成果评价不充分

一些民办高校对于教师在教育教学改革中的实际成果评价机制不够健全，缺乏全面性、科学性。学校过于强调形式化的评价指标，而忽略了实际的教育质量提升，导致教师对教学改革投入的积极性不高。

[①] 许苗苗，方纯洁. 民办应用型本科高校教师队伍转型发展初探[J]. 湖南科技学院报，2016，37（06）：88-90.

六、校企合作机制不完善，合作深度不足

（一）合作保障机制不完善

根据组织协作理论，校企合作要深入开展，就要建立相应的"诱因"机制，即要有完善的外部制度环境，以保障合作双方的责、权、利。对于校企合作过程中的责任义务、产权、技术归属和认定等问题，目前政府层面缺少相应的法律保障和有效指导，容易引发各种纠纷，影响校企合作的开展。有关部门出台的校企合作相关文件大多是政策引导方面，缺乏有效的评估、督查和激励等措施，校企合作在政策制度保障方面没有形成有效的闭环，校企合作双方权利和义务得不到有效保障，成为制约校企合作双方主动性和积极性的关键因素。除了制度层面的缺失，政府的奖励性措施较少也是影响企业积极性的一个重要原因。调查发现，大部分企业认为政府应该给予合作企业相应的"精神奖励"，以提高企业在行业内的声望和与学校合作的积极性。

（二）合作目标定位不一致

校企合作要实现共赢，就要建立正向的组织协作模式，除了要注重学校与企业资源信息共享外，在人才培养、科技服务和技术创新三位一体的目标上也要达到高度一致。但在现实运行中，学校与企业在合作目标上存在"两张皮"的现象，学校有学校的目标，企业有企业的目标，合作双方各有小算盘。

学校参与校企合作关注的主要目标是学生的就业和实习，企业参与校企合作关注的主要目标是企业的经济效益。校企双方在合作的起点就存在不足，造成这种现象的原因是，校企合作双方未对合作内容、形式进行明确。在学校方面，学校希望通过校企合作提升实践教学水平，组织好学生实习及毕业设计工作，提高学生就业率和就业质量，以此来增加学校的知名度。在企业方面，企业认为培养学生是学校的责任，在安排学生实习时，没有从培养人才的角度出发，而是把学生当成临时工顶岗使用，这样做的目的是节约用人成本，提高经济效益。校企合作双方都没有认识到校企合作目标是联合培养适应社会经济发展的应用型人才，都忽视了"培养"，而这种培养是一个长期的过程。

（三）校企合作不够深化

校企在进行合作时，作为参与主体的双方在合作目标上出现了错位，使得校企合作只在浅层次的合作层面。当前，许多民办高校与企业的合作形式往往表现为单一而局限，缺乏多样性和灵活性。主要表现在双方的合作往往停滞于狭隘的范畴，局限于某一特定形式的合作，例如简单的实习基地合作、专业人才培训项目或者项目合作等。这种单一性使得双方合作缺乏多维度的互动，难以充分挖掘双方潜在的合作机会。

受传统观念的影响，社会普遍对民办高校的认知存在惯性偏见，因此很多企业对寻求合作学校的区别对待，公办高校依然是企业首选的合作方，民办高校的合作企业大多以中小型企业为主。校企合作需要双方投入相应的合作资源，企业规模越大，意味着企业资源越雄厚，企业在校企合作上进行人才培养、技术创新等方面的投入，产生更多的合作成果。企业规模越大，企业的知名度和市场影响力就越大，可以增强学生实习的积极性和对企业的认同度，提高学生的就业率。相对大型企业，中小企业在资金、技术和创新能力等方面相对缺乏，存在抗风险能力低、易受外部环境影响等问题。中小企业自身的局限性，将会影响校企合作成效性，这也是民办高校的校企合作大部分停留浅层次的主要原因。[1]

（四）校企双方信息不对称[2]

在民办高校与企业的合作中，普遍存在着信息不对称的问题，这使得合作双方在实现有效沟通和深度合作方面面临一系列困难。首要问题在于，企业对于高校的教育体系、学科设置、师资力量等方面的了解相对有限，难以准确把握高校的实际情况。相比之下，高校对于企业的内部运作、市场需求、技术创新等方面的信息同样了解不足，难以全面把握企业的实际需求。

这种信息不对称的现象导致了双方在合作初期难以建立起有效的合作基础。高校可能无法准确了解到企业在人才培养方面的具体需求，从而无法有针对性地调整课程或教学方法。企业则可能无法深入了解高校的优势专业领域，难以找到与其需求高度契合的合作机会。

---

[1] 甄程.民办高校校企合作策略研究——以青岛H学院为例[D].山东建筑大学，2020.
[2] 尹江海，程培堽.校企合作中的信息不对称及治理机制设计[J].江苏高教，2021（07）：50-55.

信息不对称加大了双方在合作过程中的沟通成本。由于信息不对称，双方在沟通过程中需要耗费更多的时间和资源，以弥补双方对于彼此的不了解。这不仅增加了合作的成本，也影响了合作的效率。

七、教学质量保障体系不健全，教学质量难以保证

高等教育质量保障的概念源于企业质量管理。美国高等教育认证委员会（CHEA）对高等教育质量保障的定义是：为了确定公认的教育、学术和设施标准得到保持与提高而对高等院校或专业进行的有计划的、系统的评审过程。综合分析，可以从以下几个方面来理解和把握高等教育质量保障的含义：首先，高等教育质量保障的作用有两个方面：一是对内建立一种自我约束、自我改进的机制，促进质量的持续提高；二是对外向高等教育利益相关人（政府、社会、学生等）提供质量证据，证明高等学校提供的产品和服务的质量是可以信赖的，以应对外界对高等教育质量的质疑，增强他们对高等教育质量的信心。其次，为了达到上述目的，高等教育机构必须制定并实施系统的质量管理过程，如建立质量保证组织体系、制定一系列的特定政策及科学的质量标准、设计合理的评价方法和程序等[1]。

（一）外部质量保障体系存在的问题[2]

当前，我国确立了"五位一体"的本科教学评估制度，但是，民办本科高校开展的与教育质量建设有关的评估只有教育部本科教学工作合格评估和审核评估，专业认证与评估在民办高校尚未广泛推行，民办学院未设立教学工作合格评估。从实践来看，评估确实极大促进了民办高校的内涵建设，提升了人才培养质量。同时，民办高校虽然属于普通本科高校，但由于办学主体的本质不同，运行体制机制不同，其教学质量衡量标准不能从公办高校直接套用，但是目前缺少具有民办针对性的评估机制。

---

[1] 蔡红梅.研究型大学本科教学质量保证体系研究[D].武汉：华中科技大学博士学位论文，2014.
[2] 傅雷鸣，杨明，罗远渊.如何完善高等教育外部质量保障体系[J].中国成人教育，2018（19）.

（二）民办高校内部教学质量保障体系存在的问题

《加快推进教育现代化实施方案（2018-2022年）》指出，要"完善高等教育质量标准和监测评价体系""推动高等学校完善校内教育质量保障体系"。近年来，在本科教学质量评估、高等教育质量问责、高校内涵式发展、一流本科教育建设等多重因素的综合作用下，我国高校教学质量保障体系（EQAS）建设迈出重大步伐，初步形成了涵盖目标、标准、内容、方法等要素的框架体系，解决了"有无"的问题，正在"有"的基础上不断充实完善[①]。民办高校也在经过本科教学水平合格评估或者审核评估后也基本形成了教学质量内部保障体系，但仍然存在以下几个方面的不足之处。

1. 教学质量标准不够完善

目前为止，民办高校经过了本科教学水平合格评估后，基本建立了各项教学管理制度，制订教学质量标准时更多考虑统一标准，有助于快速建立符合本科规范的质量体系，但质量标准不够细化，对不同学科门类的差异性考虑不足，例如实习实训等教学环节的质量标准不够健全，部分质量标准的可操作性不强，不同学科专业、不同课程类型的针对性不强，导致部分标准在执行时存在困难。

2. 教学质量监控手段方法不够科学和先进

目前民办高校教学质量监控仍处于基本规范监控阶段，比较关注课堂教学环节，尤其是对理论课的监控，但对校内校外实践教学等环节的监控力度相对不够，尚未建立起全覆盖的质量监控机制。二级教学单位监控队伍稍显薄弱，质量意识和品质文化尚未全面渗透。较少主动地根据专业特点出台规范要求和实施精准监控。监控手段不够多样，在监控与保障的过程中，约束手段往往多于激励手段。对教学环节的质量监控偏重，而对教学计划与社会的需求较为轻视。

3. 教学质量监控反馈信息的运用不够充分

一方面，教学质量监控部门能够及时地将监控信息反馈给各相关部门，但缺乏对监控信息的二次加工和深度解读，在整改过程中针对性不足；另一方面，各教学单位在落实监控反馈信息时较为机械，仍不善于挖掘数据背后的深意。以数据促管理的能力尚有欠缺，虽能够及时整改反馈的问题，但对整改效果缺乏有效评估。

---

① 彭安臣，曾洁，赵显通.高校内部教学质量保障体系：价值取向与技术实现[J].复旦教育论坛，2018（1）：57.

4. 教学质量监控与保障体系运行不畅

从信息的收集到整理分析、评估诊断、信息反馈，再到调整整改，整个运行系统是闭合的，形成回路的。哪一个环节出现纰漏都会导致整个运行系统的运行不畅。其主要表现在：时效性差、反馈不到位、整改不及时、纠偏不力。使得教学质量监控走形式走过场，极大地挫伤参与者的积极性。

第四章 民办高校应用型人才培养的优化对策

本章为民办高校应用型人才培养的优化对策，主要介绍了八部分内容：加强政策引导与支持，促进民办高校可持续发展；明晰办学定位，强化办学特色；调整优化专业设置，加强专业内涵建设；优化师资队伍结构，提升教育教学水平；健全实践教学体系，提升应用型人才培养质量；树立成果导向理念，深化教学改革实践；深化校企合作共享，服务区域经济发展；健全教学质量保障体系，保证教学质量。

第一节 加强政策引导与支持，促进民办高校可持续发展

《教育部2019年工作要点》中提出要"规范民办教育发展，完善民办教育发展法律制度和政策支持体系。加强对民办教育的监督管理，促进民办教育科学健康发展。推动各地加快出台民办教育管理实施细则。推动《中华人民共和国民办教育促进法实施条例》修订发布"。《中国教育现代化2035》提出"鼓励民办学校按照非营利性和营利性两种组织属性开展现代学校制度改革创新"。我国民办高校已进入分类管理的新阶段，这是影响民办高校发展的重大制度变迁。然而，当前国家和地方相关法规政策仍不够健全，需要进一步完善。

一方面，要加强宏观政策顶层设计。2016年新修订的《民办教育促进法》等一系列法规、政策出台，国家层面的民办高等教育法规政策逐步完善。然而，《民办教育促进法实施条例（修订草案）》至今尚未公布，民办高校分类管理政策能否有效执行，在一定程度上取决于多个政府部门之间的配合是否默契以及既有规则能否及时作出调整。对此，需要进一步加强部门协同、打破壁垒、解决制约民

办高校发展的深层次制度障碍；要完善民办高校财务会计、内部控制、审计监督等制度，实行强制信息公开制度，建立违规失信惩戒等机制，真正让民办高校走向阳光透明环境，避免成为内部控制的私人领地。[①]另一方面，要积极鼓励地方进行政策创新。虽然全国31个省（市、区）政府层面均已根据国家规定制定了实施文件，然而大多数省份的政策原则性过强、操作性偏弱，一些举办者高度关注的土地差价、税收优惠、补偿奖励标准等规定相对模糊。对此，亟需发挥省级政府教育统筹作用，鼓励有条件的省（市、区）大胆"先行先试"，逐步推广"先行先试"省份好的经验，细化民办高等教育领域配套政策。例如，温州市把民办学校资产划分为原始出资（含追加投资）、财政拨款、社会捐赠和办学积累四类，并规定原始出资（含学校存续期间追加投资）归举办者所有，清偿后剩余资产结余按不低于20%的比例给予奖励，明确了补缴的土地出让金计算方式。由此可见，中央对民办本科高校的扶持工作正在逐步开展。同时地方政府要以此为契机，在以中央文件精神为基础的前提下，摸索并建立适合地方民办本科高校的发展政策，使民办本科高校的人才培养在政策的保障下不断优化升级。[②]

二、加强高水平民办高校的扶持力度

我国通过相继实施"211工程""985工程"及"双一流"建设，遴选打造出了一批高水平大学，这对推动高等教育发展有积极意义。但民办高校长期缺乏国家战略层面的资源支持，导致民办高校高质量发展乏力。因此，目前亟需政府出台相关扶持政策，对"高水平民办高校建设方案"给予一定的资源支持和倾斜，从而保障教育公平，促进我国民办高校质量提升，实现高等教育的均衡发展。具体来说，中央及地方政府应当进一步加大民办高校投入，积极推进"高水平民办高校"建设工程，引导民办高校回归育人初心。一是打造高水平民办高校。通过学校自主申报、省级教育行政部门审核、国家教育主管部门评选的方式，在全国

---

① 阎凤桥. 民办教育政策推进为何缓慢？——基于组织行为决策视角的考察[J]. 华东师范大学学报（教育科学版），2017（06）：11-17.
② 阙明坤，段淑芬. 我国民办高校改革发展成效、经验及展望——《教育规划纲要》实施十年审视[J]. 大学教育科学，2021（2）：16-25.

范围遴选建设一批在党建、管理、教学、科研、服务等方面成绩显著的民办高校进行重点培育，发挥示范效应。二是建设高水平专业。要遴选一批紧密对接地方产业、产教融合特色鲜明、人才培养成效显著的优势专业，使其发挥标杆示范作用。对于高水平民办高校和高水平专业，国家授予立项建设单位，财政可以给予一定资助，竭力打造成可与同类公办高校、专业平分秋色的高水平民办高校和专业。三是培育高水平教师。要将民办高校教师纳入各类培养培训专项计划，鼓励中青年教师到国内外著名高校访学、深造，支持引进海内外高层次人才；加强"双师型"队伍建设，选聘产业教授；在全国新建一批民办高校教师培训基地；通过购买补充养老保险等方式，保障教师合法权益，解决教师后顾之忧。[①]总之，不论营利性还是非营利性民办高校，都必须以人民为中心发展教育，都应当树立科学的发展观、质量观和人才观，找准办学定位，切实提高立德树人水平。[②]

三、建立科学分类评估标准

国家教育委员会令第14号《普通高等学校教育评估暂行规定》规定普通高校评估的基本任务，是在搜集教育信息及掌握实际情况的基础上，科学分析和评价学校办学水平和教育质量，从而为教育部门的管控和宏观管理、高校自身的改革和质量提升提供依据。目前专门针对民办本科高校的评估标准处于缺位状态，现有的评估标准基于普通高校设立，无法对民办本科高校的办学成效作出真实有效的评价。由于经济社会对人才的需求呈现出多元化，不同教育群体亦呈现差异化，因此民办高等教育发展质量应是一个多元的概念。不同时代背景、评价主体、评价标准会产生不同的判断。国家在制定高等教育政策时，应鼓励多元化、多样化发展，不能只用一把尺子，不能只考虑到公办高等教育，而应为民办高校发展开辟空间，不能简单地将公办高校发展的思维模式、方法举措套用在民办高校发展建设上，因为民办高校的发展历史、基础条件、办学实力与公办高校相差甚远，所以国家在高等教育建设方面应充分考虑民办高校的特殊情况，出台更具适切性

---

① 阙明坤，段淑芬. 我国民办高校改革发展成效、经验及展望——《教育规划纲要》实施十年审视[J]. 大学教育科学，2021（2）：16-25.
② 钟秉林. 科学谋划励精图治创建高水平民办大学[J]. 中国高等教育，2012（02）：28-30.

的举措。要在加强调研，广泛征求意见的基础上，出台适应民办本科教育的一系列评估标准。①

四、拓宽办学经费来源

实践教学设施设备的不断提升、素质优良的师资队伍、信息化教学的软硬件支撑、教育教学改革等均需要付出昂贵的办学成本。经费来源单一、政府资助偏少、社会捐赠匮乏，一直是民办高校办学质量不高的主要原因。尤其是独立学院在办学经费有限的情况下，还需要向学校缴纳数额不小的"管理费"，这就使其办学资金更是捉襟见肘。因此，稳定的资金来源是提高民办高校办学质量的重要基础。拓宽办学经费来源是民办高校亟待解决的问题，主要可通过以下几种途径。

一是争取社会捐赠和基金会支持。哈佛大学、斯坦福大学等世界知名高等学府均获得较大数额的社会捐赠，也获得了许多基金会的支持。例如，耶鲁大学每年获得学校财政预算30%-40%的捐赠资金。近年来，国内一些社会人士积极投身民办高校捐赠事业，如腾讯创始人陈一丹捐赠创办武汉学院，台湾企业家王雪红、陈文琦夫妇捐赠创办贵州盛华职业学院；另外，上海市成立民办教育发展基金会首批筹得7730万元，武昌工学院教育发展基金会筹得150万元等。民办高校应大力提升向企事业单位、校友募捐的能力。二是发展校办产业。民办高校可以通过创办科技园、产业学院、技术转移中心、创业园、数字经济园区、培训中心等方式拓宽经费来源，从企业获取办学资源和经费支持。如潍坊科技学院在校内建立软件园，入驻企业达240家，2019年产值达11亿元，软件园被评为国家中小企业公共服务示范平台。三是扩大收费自主权。扩大民办高校收费自主权，逐步实行市场调节价，优质优价，是民办高校未来发展的必然趋势。政府部门应加快"放管服"改革，允许民办高校根据自身特色、办学成本自主定价，同时加强事后监管。②

---

① 阙明坤，王佳丽.我国民办高等教育政策的历史演变与逻辑理路——基于政策文本的质性分析[J].中国高教研究，2020（2）：33-39.
② 阙明坤，段淑芬.我国民办高校改革发展成效、经验及展望——《教育规划纲要》实施十年审视[J].大学教育科学，2021（2）：16-25.

第二节 明晰办学定位，强化办学特色

一、明思路谋举措定方向，全力推动办学定位落实落地

民办高校的办学应根植于服务面向的地区、学校培养目标、办学类型、学校层次、学科专业，并科学分析自身的办学条件，找准办学定位。

首先，应深化应用型本科教育教学理念。民办高校应通过座谈会、研讨会、主题调研等，组织全校教职工继续深入系统地学习习近平总书记关于教育的重要论述，党的二十大报告提出的"教育、科技、人才是全面建设社会主义现代化国家的基础性、战略性支撑"等新思想、新战略、新要求，教育部新时代本科教育工作会议精神等内容，认真研讨、深入思考；制定分类学习计划，组织各级领导干部到省内外有关高校学习考察、参加培训、交流研讨；有计划选派一批专业负责人、骨干教师到兄弟高校、行业企业等访学研修；加强应用型办学的学习研讨，不定期邀请国内应用型高校的知名专家、企业行业专家来校讲学指导，逐步引导广大教职工树立"提高人才自主培养质量"等理念，推动办学理念转化为办学实践。

其次，组织应用型办学和教育思想大讨论。坚定应用型本科高校办学的理念与定位，开展研讨、交流、展示、讲座、访谈等多种形式的应用型办学和教育思想大讨论系列活动，探讨应用型人才培养的内涵和实施路径，研究学校的办学优势、战略重点与特色亮点，结合学校发展规划，进一步厘清学校类型定位、应用型人才培养目标定位及发展目标定位的内涵要义及建设要求；更新观念，精准谋划，就学校的办学定位及人才培养目标组织专题研究，将学校办学理念和应用型人才培养的内涵进一步深化、细化、项目化，确保人才培养思路的贯彻执行、人才培养目标的落地落实。

最后，强化办学定位落实举措。民办高校各教学单位、职能部门将各项重点工作梳理明确，对应学校办学定位和发展规划各项要求，结合自身工作实际，细化年度任务清单和进度安排，建立任务表、施工图，挂图作战、随时调度、落实

落细、务实推进。通过层层发动，凝聚全校智慧和力量开展内涵建设。通过年度监测、中期评估和末期考核的方式，严格考核各项办学指标的实现效果。健全"学校推动、学院主动、典型带动、部门联动"的落实机制，加强动态考核评估监测，开展办学定位落实情况考核评估的研究工作。

二、树牢特色意识，锐意改革创新发展

对于民办高校而言，未来发展是机遇与挑战并存的，既有建设一流大学的希望，也存在被淘汰的可能。明确民办高校的办学特色，提高民办高校的办学水平，对民办高校的生存显得尤为重要。因此，民办高校要取得长足的发展，就要不断地探索创新，力争实现可持续发展。要创建民办高校的办学特色，必须从以下几个方面入手。

一是聘请优秀的管理者。民办高校的校长在办学特色形成的过程中作用非常关键，其办学思路和办学理念往往会成为影响办学特色形成的关键因素。民办高校的管理体制和运行机制使得民办高校的校长相比公办高校的校长拥有更大的自主权和灵活性。在中外教育史上，不管是民国时期北大、清华的蔡元培、梅贻琦，还是美国哈佛的埃利奥特、麻省理工的康普顿都具有十分独到的办学理念，这些校长的办学理念对学校办学成功具有举足轻重的作用。只有拥有独特办学理念的校长才能办出有特色的学校，才能培养出优秀的人才。民办高校校长的办学理念和管理决策决定着民办高校的出路。

二是建设一支结构合理、素质优良、人员稳定的教师队伍。民办高校的办学特色最终要靠教师来实现，其办学质量与人才培养质量的高低取决于教师的水平的高低，师资队伍是民办高校办学特色形成的关键因素。拥有高水平的教师才能培养出高素质的人才，拥有特色的教师队伍才能培养出有特长的人才。

三是培育优势特色专业。专业是社会需要和学校人才培养的结合点，民办高校只有设置适应经济和社会发展需要的专业才具有生命力。办学特色的重要支撑是学科专业建设，优势特色专业是一所大学的核心竞争力量，是学校赖以生存和可持续发展的基础。其实，每所民办高校在发展过程中总会形成一些优势学科与专业，关键是如何对其进行凝练与升华，而不是盲目追求办学规模、学科的齐全等。一方面专业设置上要主动适应市场需要，要根据当地经济政策、产业结构和

人才需求的变化不断调整专业方向，进而重点培养适应经济和社会发展需要的人才。民办高等学校应该对社会需要的专业人才有较高的敏感性，民办高校办学质量如何，就看其培养的人才是否能够适应社会所需人才的规格、能力要求。另一方面民办高校发展办学特色必须与所在区域发展状况紧密对接，民办高校办学目标、人才培养目标与规格等方面，必须与学校所在区域的优势资源、支柱产业及文化特色紧密地结合，其学科专业结构与社会需求结合越紧密，这所学校的学科专业布局就越有特色，这所学校培养的人才越能在当地经济社会发展中发挥更为重要的作用。

四是构建特色的应用型人才培养模式。民办本科高校大部分是以应用型人才培养为目标的，在人才培养模式上首先要树立具有特色的应用型人才培养的理念，无论在教学内容的选择、实践课程体系的构建，还是评价体系的确立上，都应始终围绕、突出"应用型"这一人才培养理念[①]。在构建特色人才培养目标上，应该围绕岗位需求和职业发展需要，合理定位专业人才服务面向、质量标准。以高校、地方、行业产学研合力育人为基本途径，强化学生内在素养和外在技能。针对人才培养目标，合理地设置课程体系，突出实践类课程建设，在教学中应以重实践为基本原则，通过在学校内部建设实验实训基地、安排学生到企业实习等多种形式，建立实习、实训教学基地，并聘请企业一线工作人员或者具有"双师型"资格的教师担任指导教师。

第三节　调整优化专业设置，加强专业内涵建设

一、对接地方产业发展，推进专业优化调整

民办高校应认真研究现有专业与地方经济发展的关联度和契合度，大力发展与地方支柱产业和战略新兴产业紧密相关的应用学科专业。本着"有利于学科专业群建设，有利于提高人才培养质量，有利于提高办学效益"的原则，树立"削

[①] 吕跃森，孙惠利．新建本科院校"办学特色"建设存在的问题及对策[J]．兰州教育学院学报，2017（09）：65-66+69．

枝强干"的专业发展思路,除了社会急需和国家战略性产业调整等因素而需新增的少量专业外,严格控制专业增设数量,要将专业建设从"数量多"转向"质量高"。

民办高校作为人才的培养方和供给方,人才培养的总量和结构必须根据劳动力市场需求变化进行调整。这就要求民办高校在设置专业时必须对劳动力市场进行调查,对劳动力市场未来变化趋势进行科学预测。因此民办高校应完善专业动态调整机制,加大对各专业行业企业背景、毕业生就业率与就业质量、职业岗位背景调查研究的深度与广度,强化专业人才需求预测和办学可行性与成本的分析,淘汰落后于区域经济社会发展需求、办学条件较差的专业,对不能够适应区域经济结构调整和产业转型升级的专业实行停招或与相关专业合并建设,使学校专业体系的布局、结构、资源和教学形态,能够与区域经济社会转型发展和产业结构相匹配。以此整合有限的资源发挥最大的效益,建设一批特色鲜明、优势突出、适应行业产业发展需求的专业,构建"规模适度、布局合理、定位明确、持续发展"的专业结构体系,增强专业的社会适应性。

二、完善体制机制建设,规范专业设置流程

民办高校要从战略角度思考专业设置问题,注重制度的顶层设计,加强组织机构建设。首先,要提升专业设置及调整在学校运行事务中的层级,专业设置要综合考虑全校发展、办学理念及办学定位等因素,避免部门利益起主导作用。其次,要成立专门负责专业设置的职能机构,统筹学校各类资源和信息,及时掌握办学资源、师资结构、实训条件、专业布局及生源情况,及时了解学校竞争优势、区域经济发展状况、人才需求情况及社会职业发展新变化等动态信息,可尝试实施向决策层定期信息报告制度。最后,根据学校转型战略需要,可以成立由董事长(理事长)—校长—职能部门负责人—学术委员会(二级学院院长)等组成的联席会议,打破从决策层到执行层再到教学一线壁垒,解除行政与学术两套体系之间的封锁,加强战略研讨和沟通。民办高校可以根据办学实际,探索符合自身特色的专业调整发起、论证、决策、执行程序,尤其要充分调动二级学院的积极性,在程序上赋予学科带头人、专业负责人、骨干教师、教授在专业设置调整中的话语权,探索专业调整配额制度和专项经费支持制度,协调二级学院在资源分

配之间的关系，保障专业设置过程的顺利实施。[①]

三、加强内涵建设，促进专业高质量发展

以交叉融合促进专业高质量发展。民办高校应大力促进学科交叉融合，统筹兼顾学科发展与专业建设，增强学科体系内各专业之间的相互支撑，通过学科体系内各专业核心育人要素的交叉融合，形成"开放共享、协同共生"的发展态势，推进专业群协同发展，不断提高应用型人才培养质量。建立学科交叉融合资源共享机制，积极构建跨学科跨专业基层教学组织，打破传统学科专业壁垒，组建跨学科跨学院跨专业的学科交叉融合平台，实现课程资源、实验室资源、教师资源在全校范围内的统筹互用，定期开展交流研讨，构建互融、互通、共学、共享的人才培养共同体，实现新工科、新文科协同发展。

以优势专业为引领带动专业群发展。民办高校应结合地方产业的发展需要，进一步加大优势专业的支持力度，通过实施专业综合改革，优化专业资源配置，提升专业建设品质，提高特色优势专业集中度和服务地方产业升级、技术进步和社会管理创新的能力。同时，发挥一流本科专业建设点等优势专业的引领示范作用，带动其他专业建设发展，推进应用型专业群建设，努力实现专业间的资源有效共享，以特色专业群为突破口，破解资源难题，提升专业建设整体水平。

以专业评估与认证引导专业发展。民办高校应建立自我评估与国家、省级专业评估（认证）相互衔接的评估制度体系，根据专业的发展状况定期开展专业评估与认证，促使各教学单位主动适应专业评估的过程与结果，明确自身主体地位和责任意识，以评促建、以评促改，从评估中找到与其他院校的差距，凝练并提升自身的优势与特色。推动部分条件成熟的专业开展专业认证工作，以推进工程教育专业认证为契机，按照工程教育认证标准，充分把握产出导向、以学生为中心、持续改进的专业认证理念，系统开展专业建设、课程建设和实验室建设，完善专业教育体系，依托专业认证工作推进工程教育改革，提高人才培养质量。

---

① 潘奇，阚明坤.民办本科院校专业设置的问题、成因与对策——基于129所民办本科院校的调查[J].j教育发展研究，2016（17）：79-84.

第四节　优化师资队伍结构，提升教育教学水平

教师是高校高质量发展的关键所在，有高质量的教师，才会有高质量的高等教育。在高质量发展背景下，民办高校需要更加注重内涵发展，挖掘内生动力，激发教师这一关键要素的活力。

一、优化师资队伍结构

（一）充实高层次人才

民办高校要进一步落实"十四五"师资队伍建设规划，深入实施"人才强校"战略，制定《人才引进计划》，加大政策支持和经费投入力度，开设专项用于引进高层次人才的年薪、住房补贴和配套科研启动费，积极引进和培养学科专业急需的带头人、中青年学术骨干、教学名师和优秀博士。

（二）调整优化专业师资配置

民办高校要根据行业需求，动态调整专业，对现有师资队伍的情况进行认真分析、研究，基于《普通高等学校本科专业类教学质量国家标准》对专业师资配置的要求，立足专业发展需求，结合教师专业背景，开展分专业教师队伍整合和配置，盘活存量、促进融合，解决专业师资结构不平衡问题。

（三）加强"双师双能"队伍建设

民办高校可通过校企合作共建产业学院，有计划地从企业聘用实践能力强、专业技术好和管理经验丰富的人员担任学校兼职教师，建立稳定、高质量的外聘教师队伍；将选派青年教师到行业企业实践锻炼作为刚性要求，鼓励教师积极考取与本专业相关的专业职业资格证书；激励实践研究成果转化和推广，提升教师实践应用和研究能力；积极协助教师申报各类人才称号，帮助其成长为行业智库评委专家，为教师与企业行业骨干专家研讨交流搭建平台，提升教师社会服务意识和能力。

二、打造良好的外部环境，提升民办教师内因驱动力

（二）营造民办高校教师专业发展的良好外部环境

良好的外部生态环境是民办高校教师专业发展的必要前提，这需要政府、社会各组织、民办高校给予支持，尤其需要政府加大积极正面的扶持力度。2016年11月7日修订的《中华人民共和国民办教育促进法》，进一步明确了实行非营利性和营利性民办学校分类管理，从法律层面对民办学校的法人属性、产权归属等方面存在的问题和矛盾予以澄清和解决，并对于分类扶持拓宽发展空间指明了方向，这对营造全社会共同关心、共同支持民办教育的良好环境给予了政策性的支持。与此同时，还需要充分调动学校、政府、社会组织三方力量，积极推动各方社会资源，整体优化民办学校教师发展外部环境，从而使民办高校教师与民办高校结为价值共同体。例如上级行政主管部门可以积极探索年金制度，争取为民办教师谋取福利；开展民办高校"强师工程"教师培训项目，提升民办教师素质。

另外，教师个人的专业发展与学校组织的发展互为因果，民办高校教师专业发展离不开其外部生态环境，即所在学校给予的薪酬待遇、组织认可及晋升空间等，离不开时代大环境赋予的社会地位与职业尊重。学校各个组织层面也要给予教师积极关怀与情感支持，将职业认同与组织认同深入内化到每位教师的言行举止中。通过探讨共议学校战略发展规划、明确教师晋升渠道、培育提拔青年教师干部、表彰一线教学岗位教师等激励方式，为激发教师内在潜力提供较好的驱动力，从而加强学校整体的教学质量水平[①]。同时，民办学校也要加大投入，给予民办教师广阔的展示平台和发展空间，为民办高校教师专业发展提供平台。

（二）重视民办高校教师专业发展的内因驱动

当前民办高等教育正处于以质量提升、内涵建设、特色发展为主题的转型阶段，对民办高校教师的应用研究能力与技术研发能力也提出更高的要求，民办高校需从教师的教学工作、科研申报、论文发表、参与学术活动等多方面出发，不断满足其对提高教师教学能力、学术研究能力与服务社会的内在意愿。从学科建

---

① 徐雄伟.民办教师专业发展影响因素的实证研究——以上海为例[J].教育发展研究.2017(07).

设的高度构建学校的特色学科和重点学科，形成应有的学术氛围和学术文化，让组织中的每一个成员看到自身存在的价值和发展空间，使他们愿意在民办高校愉快地工作。营造教师间协助配合、氛围融洽的微观团队环境与条件，从而在培育学校科研骨干人才的同时，提高师资队伍的整体学术水平，扩大学校在行业领域中的影响力[①]。

三、完善制度体系建设，促进教师职业发展

（一）健全人才激励机制

民办高校师资队伍不稳定的现状制定完善的人才激励机制予以缓解。一是要建立规范、合理的考评机制。民办高校应坚持立德树人评价导向，明确师德师风、教育教学职责的基本评价要求，并将考评结果作为教师奖励依据。值得注意的是，因专职教师和兼职教师的工作规范和岗位职责有所不同，对两类教师的考评标准理应有所区分，做到贡献与获得相匹配，体现优劳优酬。二是要健全教师薪酬保障机制。健全教师的薪酬保障机制及相关的福利制度，为教职工在工资待遇、社会保险、职称评定、子女入学等方面提供必要保障，消除教职工工作、家庭、养老保障不足的疑虑，创造事业可期、待遇可观、感情可获的和谐环境，激发教师的教育情怀，自觉为高校的建设与发展服务[②]。

（二）构建基于教师职涯发展的梯级递进培训体系

系统设计、统筹实施覆盖教师职业生涯的终身学习培训规划，逐步构建起青年教师入职和教学基本能力培训、骨干教师教学与学术发展能力提升培训、学科专业带头人综合能力提升培训等构成的梯级递进培训体系，提升教师学习培训的系统化、科学化水平。

（三）实施专业带头人培育计划

开展专业带头人选聘论证和聘期考核制度，设立专项经费有计划地开展专业带头人培养，将团队培育纳入考核指标，由个人优势向团队优势转化。

---

① 徐雄伟.民办教师专业发展影响因素的实证研究——以上海为例[J].教育发展研究.2017（07）.
② 贺祖斌，刘微微.论独立学院转设后高质量发展路径[J].高等教育管理，2023（3）：57-58.

（四）强化骨干教师协同培养

教师发展中心统筹规划、加强与各职能部门和二级学院联动协同，立足专业建设需要，整合内外部资源，经费支持，选送骨干教师参加国内外访学、高端学术会议、境内外研修和考察等，强化骨干教师培养，提高骨干教师业务素质。

（五）引航赋能，加强青年教师培养培训

完善青年教师导师制，加大激励、监督和考核力度，将指导情况纳入导师教学工作量，增加过程测评和指导，同时加强导师们自身能力建设；发挥教研室、教学团队和课程组等基层教学组织在青年教师培养中的作用，建设老中青相结合的教师梯队，形成"传帮带"的良好机制；加强青年教师实践研修，以提高应用型教学能力为重点，提升实践指导能力为着力点，分批落实实施教师深入企事业单位实践研修工作，提升青年教师实践应用和研究能力；推进青年教师学历提升，坚持以在职进修为主，采取保留基本待遇、脱产就读支持、博士津贴等政策激励措施，提高专任教师中具有博士学位的比例。

第五节 健全实践教学体系，提升应用型人才培养质量

在转型发展背景下，与传统公办院校比较，民办高校在办学特色和发展方向上是不同的。尤其是在社会就业压力不断增大的前提下，现有民办高校的实践教学更加注重提升学生适应社会各行发展需求。对此，民办院校要结合国家教育战略、科学文化传统以及社会服务需求，学会转变传统的教学管理和教学模式，学会以实践为导向、以兴趣为基础来构建具有新特色的实践教学体系。融入新的管理元素和手段，具体表现为：（1）民办高校教育工作者已经清楚知道了实践教学在当前教学工作中的重要性。（2）教育者会在下阶段的教学活动中利用当前新的教学手段和管理元素对教学内容进行调节，如：在实践教学中，采用线上线下的教学模式，要学会在实践教学中更多地引入互联网元素。（3）教学管理者可以利用大数据网络系统和云平台，将更多社会各行业的数据引用到实践教学的过程中，这种混合实践教学手段，能够聚集多方群体，融入新的管理元素和教学手段，具有一定的时代发展特性。（4）以时代发展构建实践教学，并学会改变单一的教学

模式，学会采用多方位合作教学的模式，如：与企业建立实训教学基地来提升民办高校的实践教学质量，也是教育转型发展下的一种新特征[1]。民办高校要实现转型发展背景下应用型人才培养的目标，必须建立具有系统性、创新性、特色性、实用性的，由多元素构成的实践教学体系[2]，健全实践教学体系的具体优化路径如下。

一、掌握科学合理的实践要素，完善实践教学内容体系

学者初晋华等人曾提出，构建完善实践教学内容体系，主要从以下几个要素出发：一是以综合应用能力和创新、创业能力作为实践教学体系构建的核心。二是要考虑到理论知识与实践教学体系的融合，正确处理理论教学与实践教学的关系，根据各个专业的特点，人才培养的技能标准，设置实践体系内容，体现层次性、逻辑性和可行性，最终达到具备职业能力的要求。三是根据专业技能标准，调整优化实践教学内容，确定实践学时比例。四是根据就业岗位的差异性，考虑适应不同层次的学生需求，注重厚基础、宽口径、高素质、善探索，体现结构多样性，实现所有学生有能力就业、有发展基础。同时，他以烟台南山学院为例，从四个层面构建应用型人才培养实践教学体系，包含基础实践、专业实践、综合实践、创新实践四个层次为框架的实践教学体系。实践教学体系共分四个层次，由低到高逐级渐进，贯穿整个大学培养过程，创新实践为有浓厚科研兴趣和创新意识的优秀学生开设，对学生综合能力培养和创新能力提高具有良好的效果[3]。作者认为此实践教学内容体系可借鉴。

二、以提高教学质量为重点，培育实践教学师资力量

民办高校可以通过内培外引、落实优惠政策等制度，提高实践教师的数量以及质量。具体措施如下：一是加强"双师型"教师队伍建设，引导专业教师开展

---

[1] 杨凯，尹丽，车颖. 转型发展背景下民办高校实践教学体系构建策略[J]. 期理论观察，2020（01）：149-151.

[2] 姚温丽. 转型发展背景下民办高校实践教学体系构建策略[J]. 文化创新比较研究，2019（16）.

[3] 初晋华，张霞. 民办高校实践教学体系的构建与实践[J]. 当代教育实践与教学研究，2020（10）.

培训和学习，不断提升教师的专业实践能力和指导能力。二是将教师的专业实践能力和指导能力作为其职业发展的重要考核指标，从而引导教师自发进行专业实践培训。三是积极推动本校应用型专业教师同企业优秀技术员工之间的合作，实现教学和实践上的互补，共同推动学生的实践教学，引导学生在实践中应用专业理论，在实践中不断发现自己专业学习上的不足，引导自身专业理论和实践上的共同发展。四是积极吸纳企业优秀创新人才参与到学生的实践教学中，为学生的专业实践提供专业化、具有现实应用效果的实践建议；同时也要推进高校教师走进企业实际生产现场，去获得第一手的实践经验，从而为学生的专业实践和应用提供更为科学化的指导和建议[1]。

三、深化校企合作，共同培养人才

校企合作、产教融合是应用型人才培养的重要途径，民办高校必须以"产教融合为抓手，探索多样化的实践教学模式"，才能建立"专业与产业融合、课堂与实践内容融合、教学与创业融合"的民办应用型本科院校实践教学体系，形成企业、学校、学生共赢的局面。民办应用型本科高校要充分利用自身的学科优势，加强与当地企业的项目合作，具体措施如下：一是共建产业学院。采取"产业对接"和"学科融合"的实施路径，与行业知名企业共建集人才培养、技术研发与社会服务于一体的产业学院。引入企业的工程师长期驻扎校内参与人才培养全过程，校企共同制定人才培养方案，共建实验室，共同开展教学研究、课题申报、技术开发和成果推广，创新人才培养模式。二是共建校内外实践教学基地，为学生的专业实践和专业发展提供场所，学生在教学实践基地项目的参与中，通过实践学习、研究协作等不断提升了自身专业综合能力和综合素养。这也为学生的就业提供了重要支持，同时民办应用型高校也实现了对于当地社会应用型、创新型人才的培养和输送[2]。三是校企共建教学实践课程，有利于深化学生开展专业实践的效果，企业能够根据现实应用需求为学生的专业实践和高校的教学实践提供精准化的建议，从而帮助高校不断优化和校正专业教学内容和学生专业实践规划。

---

[1] 金妤.民办应用型本科高校实践教学管理体系构建与创新[J].中国成人教育，2021（03）：15-20.

[2] 同上。

四是开展产学研合作教育融合对接，与企业共建教学资源，包含教学软件、校企合作开发教材等。

四、以学生为主体，加大实践教学资金投入

民办高校的学费收入应"取之于生、用之于生"，校企共育、产教融合之路需要高校"以学生为主体，加大实践教学资金投入"，尤其要注重实践教学设备、校内实训室、校外基地等方面，才能保障课内外的实践教学活动顺利开展。

五、以产出为导向，完善实践教学质量监控体系

民办高校要提高实践教学的质量，保证实践教学各环节的开展，必须设立相应的"实践教学管理机构、完善的管理制度、有效的评价体系等"[1]。例如成立专门的教学质量监控部门；完善实践环节制度建设，建立健全实践环节监控标准；形成"监控主体多元化、信息反馈多渠道"的监控与评价运行机制；加强实践环节过程管理；加大创新创业教育力度等等，形成以产出为导向的实践教学质量监控体系流程图。

高校的实践教学是一个由多元素构成的动态化、系统化的体系，民办高校在转型发展背景下，要实现应用型人才的培养，应"立足本校实际，结合人才培养目标和专业特点，以社会需求为导向，以学生为主体，以校企共育为基础，制定一套合理可行的、有助于学生实践创新能力培养的实践教学体系，逐步形成自己的特色"。

第六节 树立成果导向理念，深化教学改革实践

一、加快信息化建设

在高速发展的信息时代，民办高校应积极拥抱先进的信息化技术，通过信息化建设加强教育教学改革，提升学校整体教学水平。

---

[1] 茹莉. 转型发展背景下应用型本科高校系统性实践教学体系构建研究[J]. 宜春学院学报，2016，38（7）：120-125.

首先，学校需不断完善校园网络基础设施，确保师生能够畅通无阻地获取各类教育资源。通过搭建高速、稳定的网络，为师生提供更广泛的学术资源、更丰富的图书资料和更便利的在线教学平台，拓展教学与学习空间。

其次，学校应积极引入先进的在线教育平台和智能化教学辅助工具。通过在线课程、虚拟实验室等形式，学生可以更加灵活地安排学习时间，提高学习效率。智能化教学辅助工具则可以帮助教师更好地开展个性化教学，适应不同学生的学习习惯和水平。这种信息化的教学模式不仅提高了学生的参与度和学习积极性，同时也拓展了传统课堂教学的边界。

为了推动信息化建设，学校还应加强教育信息化人才队伍的建设。通过培训和引进具有信息技术专业背景的教师，保障信息技术在教学中的充分应用，及时解决师生在信息化应用中遇到的问题，确保信息技术的顺利运行。

二、完善激励机制

为激发教师在教学改革中的积极性和创造性，民办高校应不断完善激励机制，以提高教师的教育教学水平。首先，学校应建立基于教学质量的激励评价体系。通过对教学成果、学科竞赛、教育教学项目、科研项目等方面的综合评价，为教师提供奖励、职称晋升、荣誉称号等激励，激发教师教学改革的积极性。

其次，学校应注重教师的职业发展规划。通过制定个性化的职业发展规划，为教师提供更多的发展机会和空间。支持教师参与国内外学术交流、进修和实践，提高他们的学科素养和国际化视野，从而带回更多的教育教学创新理念。

三、加强教师培训

为提升整体教育水平，民办高校应注重教师培训，通过不断更新教育理念、教学方法和课程体系，使教师更好地适应时代的发展需求。首先，学校应成立教育教学研究中心或教师发展中心，提供专业的培训资源和咨询服务，邀请专业教育专家进行授课和指导，定期开设教师培训课程，涵盖教育心理学、现代教学技术、创新教学方法等多个方面。通过培训，教师能够更好地理解学生的需求，掌握新颖的教学技巧，并灵活运用于实际教学过程中。

组织教育教学改革研讨，建立教改工作坊，加强与周边一流高校和一流专业的联系与共建，观摩优秀教学改革案例，提升教师的教育教学改革理论及实践水平，指导教师科学有序有效开展教学改革；形成示范引领效应，推广改革成果。

鼓励教师参与国内外学术研讨会、教育大会等活动，拓宽他们的学术视野。这不仅有助于教师更好地了解行业前沿的教育理论和实践经验，还促使他们在教学中引入新思想、新方法，推动教育教学的创新。

四、落实 OBE 理念

在当今社会，民办高校正逐渐认识到教学的本质在于学生的全面发展，因此以学生为中心的教学理念逐渐成为高校教育的主流。这一理念强调将学生的需求、兴趣和潜能置于教学设计的核心位置，致力于打破传统的教育模式，推动课堂教学改革，使之更加贴近学生的成长需求。

首先，以学生为中心的教学理念强调个性化教学。在这种理念下，教师将更加注重了解每位学生的学习风格、兴趣爱好和潜在能力，通过灵活的教学方法和多样化的教材，满足学生个性化的学习需求。例如，引入项目式学习、小组合作等教学形式，激发学生的学习兴趣，促使其更加主动地参与到课堂活动中，从而提高学习效果。

其次，学生参与式的教学方式成为民办高校推动课堂教学改革的关键。以学生为中心的理念鼓励学生主动参与课堂学习，发表自己的观点，提出问题，进行讨论和分享。这不仅培养了学生的批判性思维和问题解决能力，也促使他们形成独立思考的习惯。在这种教学模式下，学生更多地成为课堂的参与者和创造者，而不仅仅是被动接受知识的对象。

在推动课堂教学改革的同时，民办高校还注重培养学生的实践能力。以学生为中心的教学理念强调理论与实践的结合，鼓励学生通过实际操作来巩固所学知识。例如，通过实习、实训、实践项目等方式，让学生将理论知识应用于实际问题的解决中，提升他们的实际操作能力和综合素养。

总的来说，以学生为中心的教学理念是一种全面的教育改革理念，体现了对学生个体差异的尊重和关注。在民办高校推动课堂教学改革的过程中，这一理念的实践不仅有助于提高教学质量，更能够培养更具创新能力和实践能力的高素质人才，为高校的可持续发展奠定坚实的基础。

五、鼓励多元的考核方式

为了更好地适应社会需求，民办高校应着力培养学生的实践能力。通过实践能力的培养和多元化的考核方式，民办高校可以逐步打破传统教育的条条框框，促使学生在实际应用中获得更为全面的锻炼。

过程考核常态化。进一步完善学生学习过程的形成性考核与学习结果的终结性考核有机结合的学生学业考评制度，加大过程考核成绩在课程总成绩中的比重，明确各过程考核环节的成绩权重和评分标准，完善学生学习过程监测、评估与反馈机制。加强课堂参与和课堂纪律考查，引导学生树立良好学风，提高学生学习积极性与课堂效率。同时，充分利用信息技术，提高教育评价的科学性、专业性、客观性。

考核内容科学化。实施以解决实际问题为导向和以学生为中心的启发式、合作式、探究式、项目式教学模式，从偏重知识考核转变为"知识、能力、素质"并重的考核。更新理论和实践教学内容，将企业真实案例和需要解决的实际问题融入考核内容，增加考核任务的高阶性、创新性、挑战度，让学生将所学的专业知识加以融合验证，了解产业或个案的实务运作流程，提高学生的就业竞争力，培养职业情感与适应岗位变迁的能力。

考核形式多元化。一方面，在传统的笔试统考之外，鼓励根据课程目标，创新地采取课程论文、技能展示、作品展示、专题设计、调研报告、辩论谈判等多样化的考核方式，让学生学习成果展示形式多样，增强学生成就感；另一方面，完善学分认定和转换等制度，鼓励学生积极开展社会实践、参与科研、撰写科技论文、获取职业技能证书、参与学科专业竞赛和大学生创新创业项目等。同时，邀请行业企业导师、学界专家参与考核，确保考核结果客观公正、贴合理论与实务，拓宽师生的专业视野，全面考核学生对知识的掌握、运用、分析、综合和评价的能力。

第七节　深化校企合作共享，服务区域经济发展

产教融合和校企合作是促进高等教育与实际产业需求对接的关键环节。要解决民办高校产教融合深度不够、校企合作质量不高的问题，需要高校、产业界和

政府共同努力。通过提升教育体系的实践性、深化校企合作、建立咨询机制、推动教师产业化发展以及加强与地方政府的合作，民办高校将更好地适应产业需求，培养更具实际操作能力的高素质人才，促进校企深度合作，实现教育与产业的良性互动。

一、重视挖掘产教融合深度

（一）产业导向课程设计

为适应当今快速变化的社会和经济环境，民办高校应当更加注重产业导向的课程设计，以更好地培养学生的实际应用能力和适应市场需求的能力。产业导向的课程设计应当紧密结合所在地区的产业结构和经济发展趋势，确保培养出更符合市场需求的专业人才。

首先，民办高校应当建立起灵活的课程设计机制，能够及时调整和更新课程内容，以适应不断变化的产业需求。这需要高校与相关产业进行紧密合作，收集和分析市场的反馈，以便及时调整课程设置，确保学生所学知识和技能具有实际的用途。

其次，产业导向的课程设计应当强化实践性和项目导向。通过与企业建立深度的合作关系，将课程内容与实际产业项目相结合，让学生能够在真实的工作场景中应用所学知识。这种项目导向的教学模式可以更好地培养学生的团队协作能力、问题解决能力以及实际操作能力。

另外，民办高校还应当注重跨学科的整合。产业导向的课程设计不应仅限于专业知识的传授，还应融入跨学科的内容，培养学生全面的素养。例如，在工程专业中加入商业管理课程，或在艺术设计专业中融入数字营销等内容，以更好地满足产业对综合素质人才的需求。

（二）实践基地建设

在促进产学合作、提升学生实践能力方面，民办高校与企业的实践基地建设显得尤为关键。实践基地作为学校与企业深度合作的载体，不仅为学生提供了更为真实的学习环境，也为企业提供了人才培养和技术研发的平台。

首先，实践基地的建设应当注重与企业的密切合作。高校可以与企业签订战略合作协议，共同规划实践基地的建设方向和发展目标。通过深入合作，实现双方资源共享，使实践基地更贴近产业需求，为学生提供更为切实的培训和实践机会。

其次，实践基地的设计应当充分考虑企业的实际运营情况。可以引入企业现有的生产线、研发设备等资源，打造一个与企业生产环境相似的实践基地，使学生能够更好地适应未来工作中的挑战。这种实践环境的还原度越高，学生在实践中获得的经验也就更为宝贵。

另外，实践基地的建设也应当注重跨学科融合。不同专业的学生可以在同一个实践基地中进行协同学习，模拟真实工作场景，促使学生在实际操作中培养团队协作能力，同时也更好地满足了企业多元化需求。

最后，民办高校与企业在实践基地建设中还应当加强管理与监督机制。通过建立健全的管理体系，确保实践基地的运营能够长期稳定地服务于学生培养和企业需求。

（三）专业技能认证[①]

为更好地适应行业需求、提升学生的就业竞争力，许多民办高校与各行业纷纷开展专业技能认证，这一举措有效地促进了教育与产业的深度融合。

首先，通过与行业联合开展专业技能认证，民办高校能够更加精准地了解行业的实际需求，及时调整和优化专业课程设置。行业认证不仅仅是一种对学生技能水平的权威评估，更是对高校教育质量的一种外部监督。这有助于高校更好地顺应市场动态，提高教育教学水平，确保培养出更符合行业标准的优秀人才。

其次，专业技能认证为学生提供了更具权威性的证明，增强了其就业竞争力。学生在完成相关专业技能认证后，不仅能够获得更多实际操作经验，还能够拥有由行业权威机构颁发的证书，这在求职过程中往往更具吸引力。行业认证的证书不仅可以成为学生在职场中的竞争利器，也为用人单位提供了直观可信的评价依据。

此外，专业技能认证还加强了高校与行业之间的合作关系。高校与行业在认

[①] 胡元闯，陈冠萍，李玲．新工科背景下以职业认证为导向的网络工程人才培养模式探索与实践[J]．中国多媒体与网络教学学报（上旬刊），2019（11）：170-171.

证过程中需要进行深度沟通，共同制定认证标准、评估流程等，促进了产学研的密切合作。这种合作模式不仅能够更好地服务学生职业发展，也提升了高校在行业中的声誉和影响力。

二、切实提高校企合作质量

（一）成果共享机制

为促进民办高校与企业之间更深层次的合作，建立成果共享机制是一种有效的合作模式。成果共享机制可以在双方间搭建桥梁，促使教育和产业创新更紧密地结合。

首先，建立成果共享机制可以推动双方在研究与创新方面的紧密合作。高校具备丰富的学科资源和科研实力，而企业则拥有实际市场需求和创新动力。通过共享研究成果，双方能够共同参与项目研发，分享科研经验，推动产学研的深度合作，实现优势互补。

其次，成果共享机制有助于提高双方的创新水平。高校的研究成果能够更迅速地转化为实际的创新产品或服务，为企业创新提供更多可能性。与此同时，企业的实际需求也可以激发高校的创新研究方向，推动高校在科研领域的深入探索。

此外，成果共享机制还有助于加强人才培养的实践性。学生在参与共享的项目中能够接触到实际问题，通过与企业合作获得更为贴近实际工作的经验，提高实践能力。这有助于培养更具实际操作能力和创新精神的人才。

最后，建立成果共享机制需要建立明确的合作协议和知识产权保护机制，确保双方在共享成果过程中的权益得到合理保障。这有助于激发双方更多的合作热情，创造更多的共赢机会。

（二）定期评估和调整

为确保校企合作的有效性和持续发展，民办高校与企业之间应建立定期评估和调整机制，以适应市场需求的变化、产业发展的趋势以及学校自身的发展目标。这一机制有助于双方更及时地了解合作关系的实际状况，发现问题并提出改进措施。

首先，定期评估可以通过双方共同制定的合作目标和绩效指标来进行。这些目标和指标可以涵盖学生就业率、合作项目的实际效果、共建实践基地的运营情况等方面。通过定期的数据分析和评估，双方能够客观地了解合作成果，发现合作中存在的问题和不足之处。

其次，评估过程中需要建立有效的反馈机制，促使双方在发现问题时能够及时沟通并寻求解决方案。这包括双方进行定期的座谈会、联席会议等形式，共同探讨合作过程中遇到的问题，深入了解对方的意见和建议。通过及时的反馈，双方能够更加迅速地调整合作策略，解决存在的困难。

另外，定期评估也应当包括对合作协议的修订和调整。随着时间推移和市场环境的变化，原有的合作协议可能需要进行适度的调整，以更好地适应新的需求和发展方向。这需要双方共同商定，确保合作协议能够与时俱进。

最后，定期评估和调整机制应当成为双方合作的一部分，贯穿整个合作周期。通过建立这一机制，民办高校与企业能够更灵活地应对外部环境的变化，提升合作的持续性和适应性，为学生提供更优质的实践机会，促进教育与产业的良性互动。

（三）共建研究中心

共建研究中心是民办高校与企业深度合作的重要载体，旨在整合双方资源，推动科研成果的转化和实际应用，促进产学研深度融合。这一合作形式不仅有助于提升学术水平，还能够为企业提供创新支持，实现校企的互利共赢。

首先，共建研究中心能够整合高校和企业的研究力量。高校通常具备丰富的学科专业和科研资源，而企业则有实际应用的需求和市场反馈。通过共建研究中心，双方能够集中优势，深度融合，共同开展前沿科研项目，提升合作的科研水平。

其次，共建研究中心有助于推动科研成果的转化。高校与企业共同承担研究项目，实施产学研深度合作，有利于将理论研究成果更迅速地转化为实际应用。这种紧密的合作模式有助于缩短科研成果到市场的路径，加速技术创新的落地。

另外，共建研究中心也提供了学生实践机会。学生可以参与到共建研究中心的项目中，获得更为深入的实践经验。这种实践性的学习方式既能够锻炼学生的团队协作能力，又能够使他们更好地理解和适应实际工作需求。

最后，共建研究中心有助于促进双方在人才培养、技术创新等方面的全面合作。通过长期深度的共建，高校与企业能够共同培养具有实际应用能力的高级人才，提升企业自身的科研和创新能力，形成更加完善的人才与产业链。

三、建立更有效的产业咨询机制

（一）产业顾问委员会

为加强产学研深度融合，民办高校与企业可以建立产业顾问委员会，通过这一机制促进产业与教育的有机结合，提高教育培养的实际效果。产业顾问委员会由企业专业领域的资深专家和高校相关领域的教授、研究人员组成，旨在为高校提供产业导向的专业指导，推动产业需求与高校教学研究更加紧密地结合。

首先，产业顾问委员会可以为高校提供行业动态和前沿技术的信息。由企业专业领域的资深专家组成的委员会成员，能够分享最新的行业趋势、技术发展动态以及市场需求，帮助高校更准确地了解产业现状，及时调整专业设置和课程内容，确保培养出更符合市场需求的人才。

其次，产业顾问委员会有助于高校的课程与实践的结合。企业专家能够提供实际工作中所需的专业技能和实践经验，为高校的课程设计和实践项目提供有针对性的建议。这样的指导能够使高校更好地培养出适应职场需求的学生，提高毕业生的就业竞争力。

另外，产业顾问委员会还可推动科研成果的产业化。通过与企业专家的深度合作，高校的科研项目能够更好地对接实际产业需求，促进科研成果的转化和应用。企业专家的实际经验和市场洞察力有助于高校更有针对性地进行研究，确保研究方向更贴合产业实际。

最后，建立产业顾问委员会可以为高校学生提供更多实际工作机会。通过与企业专家的接触，学生可以更深入地了解产业发展趋势、企业运作模式等，提前积累实际工作经验，增加就业竞争力。

（二）双向信息共享平台

为促进民办高校与产业界之间更紧密的合作，建立双向信息共享平台是一种积极的合作模式。这一平台能够有效促进双方之间的信息流通，实现更加精准的人才培养和产业需求对接。

首先，双向信息共享平台可以让高校更加深入了解产业需求。通过建立这一平台，高校可以及时获取产业界的市场动态、技术创新、用人需求等信息。这有助于高校更精准地调整专业设置、更新课程内容，使教育更贴合产业发展趋势，为学生提供更具实际应用价值的教育。

其次，这一平台也为产业界提供了更为便捷的途径获取高校的科研成果和人才资源。产业界可以通过平台了解到高校最新的科研进展、创新成果以及毕业生的综合素质。这种信息的双向流通有助于产业界更有针对性地招聘人才，寻找与高校合作的创新项目，推动产学研的深度融合。

另外，双向信息共享平台也有助于加强高校与产业界的沟通与合作。通过平台的建设，高校和产业界可以实现更为便捷的交流，建立起长期、稳定的信息交流渠道。这为合作项目的共建、产业顾问的委任等提供了更为有力的支持。

最后，建立这一平台也促使双方更积极地开展合作项目。通过信息的双向共享，高校可以更好地了解产业界的实际需求，进而根据需求设计相关合作项目。产业界也能更充分地了解高校的科研实力和人才培养水平，为合作项目的推动提供更为有力的支持。

四、推动教师产业化发展

（一）鼓励兼职实践[①]

为促进民办高校与企业之间的产学研深度合作，鼓励教师到企业兼职实践是一种积极的措施。这一做法有助于教师更好地了解产业需求，提升教学水平，促进科研成果的应用，并加强学校与企业之间的紧密联系。

首先，教师到企业兼职实践有助于拓宽教学内容和方法。通过实际工作经验的积累，教师可以更深入地了解行业现状、技术发展趋势和市场需求。这使得教师在课堂上能够更具权威性地讲解最新的产业动态，将实际案例融入教学，提高课程的实践性和针对性。

---

① 潘春胜，刘聃．高校教师企业挂职质量监控体系探究 [J]．佳木斯教育学院学报，2012（10）：128-129+143．

其次，教师到企业兼职实践可以促进产学研的深度融合。通过与企业紧密合作，教师可以将科研成果更好地转化为实际应用，推动产业创新。与此同时，教师在实际工作中获取的反馈和经验也能够为科研项目提供更为有力的支持，增强科研的实际效果。

另外，教师到企业兼职实践还能够促使学校与企业之间更密切的合作。教师通过实践工作接触到的行业专业人才、先进技术和实际问题，有助于学校更准确地把握产业发展方向，调整专业设置和课程内容。同时，企业也能够更深入地了解学校的教育理念和科研实力，为进一步合作提供更为坚实的基础。

最后，教师到企业兼职实践还能够为学生提供更为丰富的实践机会。教师通过兼职实践所获取的实际经验，可以直接传授给学生，使他们更好地了解职业生涯的方向和实际工作中需要具备的能力。这种直接的实践指导有助于学生更好地融入职业生活，提高就业竞争力。

（二）产业导向培训

为更好地促进产学研深度融合，民办高校积极推动为教师提供产业导向培训，以提升他们对实际产业需求的了解，强化教学与实际应用的结合。这一培训机制旨在让教师更具产业洞察力，为学生提供更贴近市场的教育服务。

首先，产业导向培训将帮助教师更深入地了解行业动态和技术发展趋势。培训内容可以涵盖最新的产业前沿知识、市场需求和行业创新，使教师能够及时获取实际产业信息，调整课程内容，保持教学内容的时效性和实用性。

其次，培训将加强教师对实际工作场景的认知。通过实地参访、企业合作项目等方式，教师将有机会亲身感受产业的运作模式、实际工作需求以及创新项目的实际应用情况。这种亲身体验有助于教师更好地理解产业特点，提高他们在教学中对实际问题的把握能力。

另外，产业导向培训还可以引入企业专家举办讲座，分享实际工作中的经验和行业见解。通过与企业专家的互动，教师能够更全面地了解产业界的要求，拓宽知识面，提高教学的深度和广度。

最后，产业导向培训应当是一个持续的过程，使教师能够随时更新产业知识，保持对市场的敏感度。这可以通过定期的培训课程、产业论坛、研讨会等方式实现，确保教师始终保持与产业同步的教学观念和专业水平。

第八节　健全教学质量保障体系，保证教学质量

学者周文辉在职教论坛中曾提出学校教学质量监控与保障体系由教学指挥与管理、质量监测与评估、信息收集与反馈、质量控制与保障等四个子系统构成。同时也提出了建设高校教学质量保障体系要结合学校实际采用多层次多元化的评价机制，形成"检查监测—信息收集—评价分析—信息反馈—整改控制—结果反馈—检查监测"这样一个良性循环的质量保障体系，并遵循相应的建设原则，包含方向性原则、以人为本原则、过程性原则、可行性原则等，从而使教学质量监控与保障系统能在更高的层面上适应并推动学校的转型与发展[1]。本书主要从民办学校教学质量内外部保障体系出发，提出具体优化路径。

一、进一步着力健全民办高校外部质量保障机制

UNESCO 在第二届世界高等教育大会上指出，质量保障对于当代高等教育至关重要，必须吸纳所有利益相关者的参与。首先，加强民办高等教育外部质量保障机制建设，制定相应标准，发挥好引导作用。从国际来看，英国、美国、澳大利亚已经实施基于风险防范的高等教育质量保障策略。未来，我国应进一步着力健全民办高校外部质量保障机制，实行状态数据常态监测，推进专业认证[2]。其次，是要进一步完善高等教育质量保障的评价指标体系。随着我国高等教育由精英教育进入大众化阶段高等教育呈现出多样化、多层次的特点，高等教育质量也呈现出多样化的质量观。而目前我国高等教育多以统一的评价指标体系应用于诸多学校和学科，从而使不同层次、不同类别的高校一味"求同"，因此要进一步加强多样化的评价指标体系的研究，建立一套分层次、多样化的科学合理的高等教育质量保障评价指标体系[3]。

---

[1] 周文辉，燕平. 应用型高校教学质量监控与保障体系的构建与完善 [J]. 职教论坛，2017（19）.
[2] 阙明坤，王佳丽. 我国民办高等教育政策的历史演变与逻辑理路——基于政策文本的质性分析 [J]. 中国高教研究，2020（2）：33-38.
[3] 胡义伟. 论我国高等教育质量保障体系的构建——以发达国家经验为鉴 [J]. 湘潭大学学报（哲学社会科学版）2009（4）：152-154.

二、加强民办高等教育内部质量保障机制建设

美国高等教育认证委员会（CHEA）发布的《国际教育质量保障原则：迈向一个全球质量共识时代》强调，质量保障的首要责任在于高等教育提供者。民办高等教育质量保障的主战场在学校内部，质量提升关键在民办高校自身。民办高校自我评估的重点是建设质量保障体系，应完善教学管理制度，根据国家质量标准、行业质量标准，健全学校质量标准，形成覆盖教学工作各环节的教学质量内部监控体系。具体教学质量内部保障体系优化路径如下。

（一）落实OBE理念，优化人才培养全过程

民办高校应该注重教育教学理念的灌输，从思想上改变传统的教学理念，可通过组织专题培训、开展研讨会等方式帮助广大教职工认真学习把握OBE理念，扎实推进OBE理念在人才培养方案修订、课程改革建设、质量保障体系构建等环节落地生根。

以OBE理念优化人才培养方案，构建课程体系。继续以OBE理念推动人才培养持续改进，坚持产出导向，优化本科人才培养方案。学校各专业围绕学校办学定位与人才培养目标，对标国家专业教学质量标准，进一步明晰专业培养目标、能力培养要求，增强各专业人才培养与地方经济社会发展需求的契合度。

加强教学评估，完善教学质量标准。质量与标准永远结伴而行，离开标准谈质量，必然空而不实，因此，EQAS的核心内容之一就是建构科学、合适的教学质量保障标准。英国教育质量管理专家艾莉斯（Ellisr）分析了发达国家高等教育质量保障体系后指出，成熟的体系普遍具有以下特征：一是各项工作都确立了合理的标准；二是识别和界定了实现标准的职责与程序；三是对标准以及达成标准的职责、程序有明显的文件表述；四是对完成标准的程序进行严密的控制；五是组织服务对象指导、监督质量标准的落实；六是强调全员参与和奉献精神[1]。因此，质量保障标准既是EQAS成熟度的重要判断"尺度"，又是完善其建设方案的重要视角。学校内部定期实施校内自我评估，针对不同学科专业、不同课程类型，建立相应的配套制度，进一步优化实习实训、学生学习评估等其他教学环节的质量标准，增强质量标准的可操作性。同时，也必须警惕质量陷阱，使质量保障体

---

[1] Ellisr.（ed.）Quality Assurance for University Teaching[M]. Open University Press, 1993: 20–21.

系刚性化、常态化，营造质量文化，树立质量自觉。质量保障体系能否真正发挥作用，关键在于是否严格执行，现实中许多民办高校的质量标准和管理规章制度名目繁多，但是往往制度执行不严，流于形式。

以学生为中心，推动课堂教学改革。坚持以学生为中心，进一步加大教学内容与教学方法、教学手段的改革力度，鼓励探索多样化、多元化的课堂教学方式。遵循"梯度推进、分层建设、分级管理"的建设思路，持续发挥一流课程的示范引领作用，实现学校课程建设整体水平显著提升。

以成果为导向，优化教学评价体系。OBE理念主要关注学生的学习成效，因此，对学生学习效果的评价要进一步关注学生学习过程的形成性评价与学习结果的终结性考核，明确各过程考核环节的成绩权重和评分标准，完善学生学习过程评估与反馈机制。

（二）健全教学质量管理组织建设，持续改进质量监控效果

优化教学质量监控队伍建设，强化教学管理队伍培训。从教师和管理干部队伍中，遴选教学经验丰富的人员加入督导队伍中，同步聘请企业专家和资深教学名师担任督导员，加强教学质量监控。定期组织开展质量工程项目培训，提升质量监控队伍的管理水平。

成立教学质量保障委员会，构建二级质量监控组织。成立学校教学质量保障委员会，加强教学质量保障部门间的工作协调，确保资源保障到位，稳步提升教学质量。同时，成立二级学院质量监控与评估小组，定期召开校院督导学情研讨交流会，指导二级学院开展督导工作。

加强校院两级管理联动，形成质量标准建设协同机制。民办高校在质量保障制度设计过程中确保管理人员、教师、学生等多方主体参与，在联动过程中加深质量制度标准的内涵理解和认识，确保质量文化建设和制度建设进一步下沉到基层教学组织。

树立全员质量文化意识，加强全员质量监控能力。民办高校可通过参加培训、校际调研交流等方式，提升专兼职质量管理队伍的管理水平，掌握现代化的教学督导手段，提升督导水平。进一步发挥二级教学单位的质量管理主体作用，组织企业专家、教师、学生共同参与质量标准的完善和优化。

提升数字信息管理能力，改进教学质量监控效果。民办高校应充分发挥督导、

学生信息员在信息收集中的作用，加强对反馈信息的分析研判，为学校教学质量管理提供更有价值的信息。另外，加强教育教学基本状态数据库建设，发挥信息技术在教学状态常态监控中的积极作用，为教师自我监控提供数据支持。

强化教学质量管理闭环，持续改进质量保障机制。民办高校对教学监控过程中发现的问题应制定完整的解决方案，形成整改档案，呈现问题所在，提出解决方案，说明整改效果，形成流程闭环。例如，可以采用追踪听课、"回头看"等方式加大整改成效督查，确保整改成效达成。

第五章　民办高校应用型人才培养的实施路径
——以厦门华厦学院为例

本章为民办高校应用型人才培养的实施路径,结合厦门华厦学院的实际展开论述,主要介绍了以下内容:厦门华厦学院应用型人才培养路径、厦门华厦学院应用型人才培养典型案例。

第一节　厦门华厦学院应用型人才培养路径

一、厦门华厦学院简介

厦门华厦学院地处经济特区、海上丝绸之路的战略支点——厦门,是中华人民共和国成立后厦门市第一所民办高校。学校于1993年由时任厦门市政协主席蔡望怀等知名人士发动社会力量捐资创办,2001年成为福建省首批高职院校,2015年获教育部批准设置为普通本科高校,2023年通过教育部本科教学工作合格评估。学校深入学习贯彻落实党的二十大精神和习近平总书记关于教育的重要论述,坚持社会主义办学方向,紧扣立德树人根本任务,遵循高等教育规律,坚持非营利性公益办学理念,坚定地方性、应用型、开放式的办学定位,主动融入和服务区域经济社会发展,聚焦应用型人才培养的根本使命,注重培育应用型办学特色。

学校设有环境与公共健康学院、信息与智能机电学院、商务与管理学院、人文学院、马克思主义学院、通识教育中心、体育教学部等7个二级教学单位。现开设27个本科专业,涵盖工、理、管、经、文、艺等学科门类,构建了新工科先行、文工结合、协调发展的学科专业体系。现有全日制本科在校生约7500人,专任教师300余人。

三十年的办学实践，学校获批国家级一流专业建设点1个，省级一流专业建设点4个，国家级一流课程1门，省级一流课程30门；获福建省高等教育教学成果一等奖1项、二等奖2项；获福建省社会科学优秀成果一等奖1项；获国家自然科学基金青年项目2项。学校累计已培养3万余名毕业生。近三年，82.13%毕业生留闽就业，其中53.02%在厦门就业，为地方经济建设提供了重要的人才支撑；学校本科录取率近100.00%，就业率保持在94.08%以上，高于全省平均水平，被评为"全国民办高校先进单位""全国教学质量与就业双保障单位""黄炎培职业教育优秀学校"。国务院参事室、中央文史研究馆主办的国务院内刊《国是咨询》曾刊文对学校"开拓与企业结合、合作，转变人才培养和教学模式，突出专业技能"的前瞻定位和20余年的持续实践给予肯定。《中国教育报》《人民政协报》《厦门日报》和人民网、新华网、学习强国等主流媒体多次报道学校的办学理念和典型经验。

二、厦门华厦学院人才培养模式

创校伊始，学校理事会即宣示了"只作奉献，不求回报"的宗旨，前瞻性地提出"开拓与企业结合、合作，转变人才培养和教学模式，突出专业技能"的办学理念，始终"立足地方、定位应用、紧贴产业"，广纳资源，倾注所有，筚路蓝缕，为海西发展培养了逾3万名应用型人才。2015年升格为应用型本科，务实布局设置了紧密契合区域经济社会发展与民生需求，以区域支柱产业和战略性新兴产业为导向的6个专业群共27个专业，文工融合、产教融合，着力机制与体制改革，构建了"两融合—三循环"协同共进，"3基1特"分阶递进的人才培养模式。

学校秉承"民办非营利性公益办学"的华厦精神，根植数字福建及厦门千亿产业链建设需要，倾力打造工科、文科两大专业类教科研平台，有力整编资源，实现"文工"有机融合；从专业建设的内涵要义出发，践行产教融合；校企协同共进，聚产兴教、育人兴业、产教互哺循环运行；在此基础上，以产业长期发展、企业当下需要为导向培养人才，开展覆盖全部专业的"3+1"应用型人才培养模式改革，即前3年校内学习，最后1年在行业企业完成集中性校外企业实习，提升学生应用实践能力，实现学校人才培养与企业人才需求的"无缝对接"。

文工结合彰显民办高校转向集约型办学方式成效,产学合作发挥社会服务特色,将人才产业无缝对接升级为产业人才内生培育,在产业链建设中创新人才链培育模式,达成校企共赢。经过多年的改革实践,该人才培养模式充分激发办学活力,创设共享观持续优化教学资源,持守金课观刚柔并举提升育人成效,显著提高学生适应新经济时代的就业竞争力及持续学习能力,在应用型人才培养的理念和路径方面具有一定的示范及引领效应。

三、厦门华厦学院人才培养具体举措

(一)理念先行,依托地方本位全面推行"两融合"

以文工融合为基石,坚定应用型人才培养定位。厦门华厦学院根植"数字福建"及厦门市千亿产业链的建设需求,不吝投入兴办工科,举办文科,将"文工协调发展"载入事业发展规划;学校有序设置物流工程、数字媒体技术等文工结合专业;以"新文科""新工科"建设为引领,发挥一流专业等优势专业的示范作用,推进学科专业交叉融合,初步培育了数智供应链专业群、信息技术专业群、民生科技专业群、智慧财税审服务专业群、会展经贸专业群及人文创意专业群等应用型专业群6个。成立跨学科、跨院系交叉基层教学组织,定期开展多种形式的教学研讨与交流活动。倾力打造智能制造创新工场、智慧财商工场等文工结合实验教学平台;增设"交叉融通能力"毕业要求,全校开设1学分《大学生数字素养》等交叉领域通识特色必修课程,奖补结合鼓励跨专业跨组织开展学生竞赛、大创训练、应用科研等项目协作;把学科融合优势转换为应用型人才培养优势,全面培养和训练学生的跨学科思维能力和综合素养,提高人才培养质量,提升对区域产业发展支撑力和推动力。文工融合专业物流工程专业获批国家级一流本科专业建设点;供应链管理专业获评为教育部教指委新文科建设试点专业;新一代信息技术专业群获评为福建省本科高校示范性应用型专业群;供应链管理课程群虚拟教研室入选福建省首批虚拟教研室建设点。

以产教融合为基因,坚持应用型人才培养导向。校企合作,是应用型本科高校办学的试金石。适应社会需要,实现人才链与产业链的持续动态匹配,践行产教融合业已嵌入华厦人的基因。厦门华厦学院汇聚中兴通讯等校企合作单位200

余家，组建行业企业专家占比过半的教学指导委员会，开展人才培养方案企业调研及院校两级论证会，联合新道科技、华晟等业界翘楚共建实验教学平台，牵手网中网、易木科技等教育科技公司开发教学软件、编写教材、优化课程体系，集结中兴通信、京东物流等龙头企业混编师资团队，深耕《X专业产学合作协同育人》等校外实践课程，联结斯坦道、银祥等厦门企业着力创新创业实践和技术服务，工学结合强化实践应用能力，提升校企协同育人水平。

（二）狠抓落实，实施校企一体产教融合"三循环"

应用型本科高校应不断推动管理体制革新，联合企业构建互利共赢的教育生态圈，厦门华厦学院嵌入产业人才价值链，产业融入学校人才供应链，共享资源、精耕课程，育成真才，形成助推新经济时代产业升级的合力。

聚产兴教，不吝投入夯实教学新基建。学校引入行业龙头和地方实力企业，联合研制人才培养方案，倾注和共享各自优势资源，有机配置先进仪器设备，企业精英联合校内教学骨干授课，提供真实项目场景及实习就业岗位，夯实基础，柔性设置、扎实建设对接产业前沿的系列课程，提升人才质量。2015年，华厦学院依托"教育部—中兴通讯ICT产教融合创新基地"创建"华厦—中兴通讯ICT产业学院"，发挥通信工程等专业优势，以厦门千亿产业链（群）为导向进行应用技术服务和成果转化、培养高端通信专业人才。引入中兴公司等企业的工程师长期驻扎校内参与人才培养全过程，通过校企共同制定人才培养方案，共同开展教学科研、技术开发、成果推广、申报课题等途径创新人才培养模式。ICT产教融合创新基地获评教育部示范性基地。

育人兴业，不忘初心产出应用型才智。学校主动融入产业链，企业向学校前移育人环节，因势建立新人培养基地、继续教育基地，或科研、客服基地，有效保障服务质量，强力支撑业务开拓，为企业创造价值。华厦学院国家级一流专业——物流工程专业学生抗疫坚守京东的厦门"亚洲一号仓"保障民生供应链平稳运作，展示了华厦学子的时代担当和专业素养，获评京东"新锐之星"称号；环境科学与工程专业则将实务项目融入教学，完成了厦门市环境保护局委托的全市环境空气污染物监测、生产性企业的清洁生产审核评估、流域工业污染源调研、环保竣工验收等项目，服务企业1200余家，学生在亲身助力厦门环保事业提质增效中明确了就业方向，坚定了环保使命，锻炼了实战技术。

第五章 民办高校应用型人才培养的实施路径——以厦门华厦学院为例

产哺校强，不求回报共筑教育新生态。企业从合作中长期获益，坚定了长期合作的信心，吸引了其产业伙伴争相效仿寻求合作，以师资共享、项目植入、设备捐赠、奖学金设置等方式助力学校人才培养。自2015年升本以来，华厦学院每学年有近百名企业导师参与课程教学，接受企业设备捐赠2000余万元，发放企业奖学金近400万元。学校主动立足福建自贸区、厦门千亿产业链建设的高定位、高标准，逐渐培育起各专业群争创产教融合品牌的氛围，形成颇受社会认可的生动案例。华厦业财税审生态圈的营建持续推动企业将项目导入学校，央企航天信息委托学校培养金税人才、研发开票费项智能匹配模型，提升金税工程落地区域服务产业的质量；红大事务所设立奖学金并携手高崎海关支持学校培养紧缺关务合规人才，助力外贸企业练好"内功"；厦门保利剧院依托华厦艺术教育专业储备"保利院线"管理人才以推动保利文化品牌扎根闽区，繁荣福建文化市场；火星时代公司则将行业领先的"商业＋艺术＋技术"的职业素养培育机制输出到数字媒体艺术、视觉传达设计专业，加速实现学生从学徒到准员工再到正式员工的转变，为厦门建设新时代文创名城、影视之都注入新生力量。

（三）"3基1特"分阶递进

"产教融合、多方协同育人"已成为应用型本科院校培养人才的共识，厦门华厦学院为适应厦门市产业转型升级和经济社会发展对应用型人才的需求，近年积极推进"3+1"应用型人才培养模式改革，"3+1"应用型人才培养模式改革（以下简称"3+1"）是指全日制本科生在4年制本科教学中，前3年在校开展专业基本知识、基本理论的学习和基本能力训练，最后1年在行业企业完成校外生产性实习和毕业实习。华厦学院依托"教育部——中兴通讯ICT产教融合创新基地""福建省智慧财税服务产业学院"等校企共建平台，校企师资合作指导学生完成1年的企业生产性实习和毕业实习的模式已有一定积淀。

"3"年校内学习是"1"年校外顶岗实习的基础，应以"文工"融合、"五育并举"为指导思想，"1"阶段则应以"产教融合、校企共赢"为理念，在学校统一部署下，各专业着力培育自身应用型人才培养的特色，分阶段递进，走出人才培养新路径。

学校成立以校长和党委书记为组长的"3+1"应用型人才培养模式改革领导小组，出台《厦门华厦学院"3+1"应用型人才培养模式改革项目实施方案》《厦门华厦学院实习工作管理办法》等一系列操作面的专项规章，为"3+1"项目的实施提供了有力保障。

1. "3+1"项目内容设计

厦门华厦学院设有工科专业和文科专业。工科聚焦通信、大数据、机器人等软硬件数字技术基础设施人才教育，侧重塑造本科教育硬形象；文科聚焦数字经管、数字媒体等数字技术商务场景应用人才教育，侧重培育本科人才软实力。"3"年校内学习应坚持德智体美劳"五育并举"的教育核心理念，采取文工融合、产教融合的教育方式。

"3"年的文工融合为学生打下了职业道德的根基，注入了学科融合视角思考行动的基因，成为"1"年校外实习创造价值的基础。德智体美劳全人教育，工科文科各有所长，应优势互补、资源共享。新文科、新工科教育循环运行，新工科为新文科提供"智力支持和劳动工具"，包括新命题、新方法、新技术、新手段，提升文科学生自然科学知识能力和严谨的实验素养；新文科为新工科提供"道德自省和美学视角"，包括新时代社会主义经济建设方向、标准、价值判断和"技术美学"等综合素质。同时为提升人才培养与产业需求的精准对接，"3"年校内学习中深化产教融合，根据区域经济热点和趋势，柔性植入特色课程模块，创办试点班，把企业搬进校园，为学生打下了坚实的执业基础。

"1"年校外实习以"产教融合、校企共赢"为理念，着力培育各专业应用型人才培养的特色。输送产业人才是应用型本科教育的终点，产业资源服务教学目标的传统观念值得反思。学校将校企共赢作为产教融合的宗旨，将人才培养融入区域产业建设，专业建在产业上。华厦学院在大学四年级设置集中性实践教学环节的校外实习课程，在校外"1"年中，以产教融合为引擎，将教室搬进职场，以课程逻辑组织实习，以课程纪律管理实习，同时建章立制推动教师顶岗，构建师生共同体，不仅形成教与学的关系，更是并肩作战的同事关系，在破解企业难题中锻造实战能力，在"真题真做"的毕业设计中提升可持续职业竞争力。以课程为纽带加深了校企对人才培养质量的共识，并为学生在激烈的人才市场竞争中抢占了先机，打造了就业直通车。

2. "3+1"中"1"年校外实习阶段主要内容

学生在"3+1"中"1"年校外实习阶段兼具学生和企事业单位准员工身份，

开展跟岗、顶岗实习的同时应完成必要的学习任务和毕业设计（论文），主要内容如下。

（1）课程学习：实习期间应通过自主学习、在线课程、集中与分散辅导、培训及跟岗学习等方式完成形势与政策、通识素质拓展选修课、职业规划与就业类课程、各类科技讲座及其他未修满学分的课程的学习。

（2）职业道德修养：通过跟岗、顶岗实习与自主学习加强职业道德修养。

（3）校外生产性实习和毕业实习：主要以跟岗、顶岗实习方式完成。

（4）毕业设计（论文）：从实习中凝练课题，真题真做。

（5）企业培训：以准员工身份参与单位组织的各类培训，掌握职业安全知识以及企业和行业相关规章制度，学习实习单位文化，了解企业与行业现状。

（6）工作：以学习和掌握专业操作技能为主要目的，通过跟岗和顶岗实习的方式，参与实际工作。

3."3+1"项目经费保障

学校鼓励各专业对准区域重点发展的通信数据、生物技术、金融投资、创意服务等产业，试点探索"3+1"应用型人才培养模式改革，培育典型示范项目，申报教育部产学合作协同育人项目，在产业界、教育界扩大学校影响，吸引产业资源，举办课题研讨会，吸收多方意见，提炼教育规律。校内校外分阶段教育循环往复，研究、实验、评价、改进，在循环中锤炼人才培养路径。对执行该项目的专业进行校级教育教学改革项目立项支持，根据各专业参加"3+1"应用型人才培养模式改革的学生数量，按一定的标准配套项目建设经费，用于各专业改革工作的管理、研究和新模式的探索。

四、厦门华厦学院人才培养成效

（一）凝心聚力，育人根基稳扎稳打

学校秉持"文工融合、产教融合"理念，搭平台、汇资源、聚良师、育英才，融改革项目于专业、课程，筑育人根基于教师、教材。文工结合专业物流工程获批国家级一流本科专业建设点，供应链管理专业获评为教育部教指委新文科建设试点专业；校企共建的《供应链管理》获评为国家级一流课程；校企合编的《供

应链管理》教材获评"十四五"职业教育本科国家规划教材；建有教育部—中兴通讯ICT产教融合创新基地（教育部示范性基地）、教育部"互联网＋中国制造2025"产教融合促进计划项目、数据中国"百校工程"建设院校等3个国家级产教融合平台；校企共建《新一代移动通信技术及应用》等瞻前沿、近实务的省级一流课程20门。学校跨域多元育人案例得到政府和教育界同仁认可，《信用引领，项目驱动，"金税·金关·金数"产教融合进阶式共育财会创新人才》入选福建省新文科教育优秀案例。

（二）以生为本，教学实践成果斐然

自该人才培养模式改革实践以来，覆盖校内本科生近1万人，学生跨学科综合素养、服务产业的意识与实践能力显著提升。

就业质量显著提高。在学校近2年毕业生中，近60%参加了"3+1"应用型人才培养模式改革；毕业生就业率达95%以上，用人单位总体满意度达97%以上；根据《厦门华厦学院2022届毕业生调研数据》显示，近90%参加该人才培养模式改革的学生认为在大四企业实习阶段"学校指导老师给予充分的指导和沟通""能够应用到相关理论知识，提升自身的实践技能""课程内容安排科学合理性""对本人就业有很大的促进作用"。通过调研数据对比分析，参加该人才培养模式改革的学生在"本专业就业机会""就业专业对口率""对工作总体满意度"等指标的评价均明显优于未参加人才培养模式改革的学生评价。

实践创新能力稳步提升。学生跨学科综合素养、服务产业的意识与实践能力显著提升。近三年，学生跨学科专业组队各类学科竞赛，累计获全国大学生机械创新设计大赛一等奖、2022年全国大学生数字素养与技能大赛一等奖、第九届福建省大学生工程训练综合能力竞赛一等奖等国内省级以上奖项408项，其中国家级111项，省级297项；学生获奖875人次；学生获得企业奖学金近400万元；学生获批442个专利、24项软件著作权，发表31篇高质量论文（SCI、CSSCI、EI、CSCD、北大中文核心期刊），转化"水质在线检测仪""食品安全快速检测试剂盒"等产品，服务民生科技等领域；学生组建"河小禹社会实践队"为厦门河水治理工作贡献青春力量，跨专业组编联队，为金砖会晤提供通信技术、会展服务等保障；学生参与企业研发的"财务决策""企业价值创造实战""供应链管理"等平台服务全国3300余所学校，惠及50余万名学生，相关竞赛参赛学生逾

35万人次，创造经济效益逾5000万元；学生创办在线旅游公司年营收超500万元，创办网络科技公司年营收超3000万。

（三）恪守初心，传经送宝美名远播

1. 主流媒体高度关注

华厦学院作为厦门市首家民办高校，也是厦门市委、市政府重点支持的非营利性质的民办高校，广纳资源，倾注所有，坚持"立足地方、定位应用、紧贴产业"，为厦门发展培养了逾3万名应用型人才。国务院参事室主办的国务院内刊《国是咨询》曾刊文对学校"开拓与企业结合、合作，转变人才培养和教学模式，突出专业技能"的前瞻定位和20余年的持续实践给予肯定。《中国教育报》《人民政协报》《厦门日报》等多家媒体对我校文工融合、产教融合应用型人才培养模式等进行过近70次报道，讲述了学校面向社会、立足产业、思政引领的育人事迹。

2. 成果示范效应彰显

成果先后在"海峡论坛""欧亚经济论坛教育分会""华晟校长论坛"等研讨会上进行重点介绍，受到同行专家高度评价。福建商学院、泉州信息工程学院、浙江树人学院等高校先后来学校考察交流，认同并推广应用本成果。全国人大常委会原副委员长、两院院士、中国科学院原院长、浙江大学原校长路甬祥莅校调研时高度评价了学校的非营利、公益性办学理念，指出"学校以工科为主，文工结合的专业设置紧密对接区域经济社会发展需求，积极开展校企合作，开拓办学资源，形成了鲜明的办学特色"。

近年来，学校美誉度不断得到提升，吸引了更多的社会捐资和投资项目，助力学校夯实应用型本科内涵建设，朝着"建设高质量应用技术大学和培养高质量应用型人才"目标砥砺奋进。

第二节 厦门华厦学院应用型人才培养典型案例

A 商务与管理学院

依据学校开展"3+1"人才培养模式改革的统一部署，2018年以来，商务与

管理学院对标厦门"五中心一基地"建设需求，瞄准现代物流、文旅会展、金融服务等优势千亿产业集群，联合京东物流、会展集团、福建钜衍网络科技有限公司、厦门红大税务师事务所、厦门众冠捷管理咨询公司、白鸽保险等43家地方颇具实力的公司开展了线下生产性实习合作，与厦门铸远教育科技有限公司、新道科技有限公司开展了线上虚拟实习合作；参与学生来自物流工程、财务管理等10个本科专业，共计2800余人；涉及课程包括产学合作协同育人项目——财税服务、金融营销与客户服务、智慧物流运营实践、会展运营实习、ARE商业社会全真实战（含虚拟仿真实习）等18门；涌现出了"京东班""会展金泓信班""红大关务合规实习""用友ERP实习""VBSE+AR实习"等实习品牌，学生专业知识、能力、团队协作的职业素养得到了显著的提升，也得到了用人单位的高度认可，获颁启聪、红大等企业奖学金36万元，涌现出众多表现优异的典型，学生还基于生产性实习，完成了毕业论文写作，获评了优秀毕业论文。

学院"3+1"融合"课程思政"的经验做法在全校性会议上作专题报告，虚拟实习课程《ARE商业社会全真实战》获评福建省线下一流本科课程，生产性实习案例入选了《福建省本科高校应用型建设案例汇编》《福建省本科教育教学改革典型案例》和《福建省新文科优秀教学案例》。

A-1 岗证赛课四位一体贯通就业快车道
——"华厦·瑞达·奇获"协同育人

一、项目简介

厦门作为我国最早设立的经济特区之一和两岸金融中心，肩负着金融支持实体经济、资本市场助力实体经济发展的重要使命。华厦金融财会专业紧密对接金融行业，培养适应金融多业态需求的高素质应用型人才。国家对金融行业的强监管，持证上岗成为金融从业的准入资格，数智化对金融行业的深度渗透，科技赋能成为金融人才的竞争法宝。华厦积极适应金融人才市场发展的需求，构建了"岗证赛课"四位一体的育人模式，为学生贯通了就业快车道。金融细分行业中的期货成为试验该模式的切入口。金融财会专业选取了瑞达期货和奇获科技作为改革探索的合作方。

瑞达期货股份有限公司总部位于厦门，是国内大型全牌照金融公司，深交所第一家上市的期货公司，厦门市第一家A股上市的金融机构。瑞达期货涵盖经纪业务、投资咨询、风险管理、资产管理、财富管理、国际业务等业务。根据行业发展趋势及公司发展的内在需求，瑞达期货坚持"专业风险管理·卓越金融服务"的使命，希望成为具有国际竞争力的全能型现代综合金融服务企业集团。

奇获科技是一家专注于"科技＋金融＋教育"领域的整体解决方案服务商，集金融教育云平台、金融课程及人才培养体系研发、智慧数字化实验/实训室、校企合作及产业学院共建、金融应用产品与服务的创新型互联网企业。

华厦、瑞达、奇获三方凭借各自在教育及金融行业的探索和努力，整合行业资源，合力构建数字化、系统化的行业及专业课程体系和人才培养体系，通过共建校企合作实训基地、金融教育云平台、合力开展师资培训、组织学科创新创业竞赛等方式的多元合作，探索出可持续、共赢的"科技＋金融＋教育"的多元化生态闭环，形成了适应数字经济时代期货市场的人才需求，校企协同、校内外有机衔接、分段培养的高素质应用型金融投资人才培养模式，助力地方经济发展。

二、改革举措

（一）校企协同创新育人模式

"华厦·瑞达·奇获"三方协同育人模式的契机源于瑞达期货作为地方性金融行业领袖型企业缺少符合自身发展需求的期货应用型人才，机会源于奇获科技作为一家集"科技＋金融＋教育"的创新互联网企业努力为地方性高校和本土化企业牵线搭桥。三方目标高度一致，三方都致力于期货应用型人才培养。"华厦·瑞达·奇获"三方协同育人模式从学生成才、企业需求、专业发展三个维度探索协同育人机制，打通育人循环，构建动态协同育人模式，如图5-2-1所示。

2019年，厦门华厦学院投资学专业与瑞达期货首次合作"瑞达基金经理训练计划"，开启了产学合作协同育人之路。2019年起，校企三方合作主办、协办的"奇获杯"全国大学生期货模拟交易大赛、"郑商所杯"全国大学生金融模拟交易大赛陆续启动，并持续至今，为近千华厦学子提供实践机会。2022年，"华厦·瑞达·奇获"校企三方合作开启新篇章,"华厦·瑞达·奇获"产教融合基地揭牌;"华厦·瑞达"毕业生就业基地授牌;"华厦·瑞达·奇获"金融科技实验实践教学中心成立;联合开展"瑞达奇获创新班"。三方迎来深度的产学研合作阶段,校企师资联合授课,组织学生参加期货从业资格考试,2022年7月,创新班学生进入瑞达开展生产性实习。自2022年瑞达国家级投资者教育中心成立以来,瑞达期货有限公司与厦门华厦学院深入开展专业认识实习、课程实践、教学研究项目等实践教学合作。2023年,华厦·瑞达双方在专业认识实习继续开展合作,并深入探索专业课程的校外实践项目,《金融与创新投资》首次试点,校企双方设计了期货自媒体小视频制作实践项目。

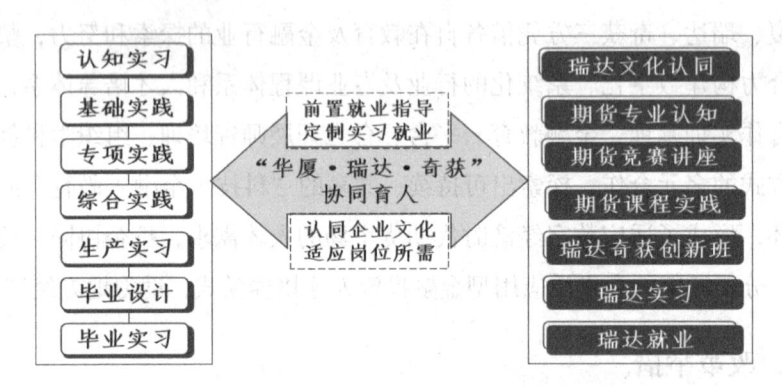

图 5-2-1 "华厦·瑞达·奇获"三方协同育人模式

(二)课证赛融合提升就业硬实力

1. 课证合一进阶塑造学生专业素养

校企三方共建"瑞达奇获创新班",设计了逐级递进的课程体系。大一新生开始专业认知实习课程。专业认知实习课程是人才培养方案中实践实习项目的重要组成部分,安排新生去瑞达参加认知实践,了解期货发展史、期货交易规则、期货交易所交易标的以及模拟体验,同时对企业文化以及企业组织和业务进行初步了解,促进学生对专业的深层次认知。

大二大三陆续以期货为主题开展投资者教育系列活动。2021年10月为响应将投资者教育纳入国民教育体系的号召,举办有"证券期货进校园""期货知识进校园""期货知识专题讲座""金融大咖带你走进期货市场"以及"企业风险管理:期货工具案例分享"等主题讲座,瑞达期货股份有限公司多次联合厦门华厦学院，举办"郑商所杯"全国大学生金融模拟交易大赛教育宣讲会等。

大三选拔有意从事期货工作的学生，开设证书培训基础班和期货技能提升班，邀请瑞达期货投资咨询部经理、宏观研究员等企业师资为我校兼职老师参与课程建设。

证书培训基础班依托于《期货基础与法律法规》，开发"金融考试宝"助力学生期货从业资格考试，主要授课内容是期货从业资格证书的考试科目：《期货及衍生品基础》和《期货法律法规与职业道德》，考核形式为模拟期货从业资格证书考试。期货技能提升班依托于《金融与创新投资》课程，与校内专业教师共同开发实训任务，主要授课内容通过行情软件和交易软件进行实践教学，校企共同开发实训任务，考核形式也采用实验实践报告进行考查。为适应数字化时代金融营销的需求，瑞达期货培训部和厦门华厦学院金融与投资管理系，共同研讨《金融与创新投资》教学内容，增加了数字营销的实验项目——《期货自媒体小视频制作实践项目》，项目主要包括自媒体拍摄培训、文案设计与分组拍摄以及成果展示与评价。该项目由瑞达培训师担任主讲，在瑞达期货总部业务部门的职场实地开展。学生参与项目的兴趣盎然，理念和能力得到了较大的提升。

通过证书培训基础班或期货技能提升班考核后，学生可以参加校外生产性实习招聘，进入瑞达进行为期12周的生产性实习，达到录用标准可以继续进行毕业实习或者就业。瑞达奇获创新班生产性实习的主要内容包括入职培训、模拟交易系统培训、看盘和行情分析业务实操、新媒体运营培训、期货客户沟通业务实操等。校企共同管理实习过程，双方签订生产性实习协议，共同制定生产性实习计划，配备双导师（瑞达期货互联网机构部企业指导老师和厦门华厦学院校内专业指导老师）分工合作指导学生。

2022年第一期瑞达奇获创新班有9名金融学专业和投资学专业学生完成课程瑞达奇获创新班的学习，取得期货从业证书考试，通过瑞达期货的入职面试。2023年第二期4名金融学专业学生和2名投资学专业学生进入瑞达开户部进行生产性实习。

2. 赛教结合持续培育学生投资潜力

以赛交友，以赛促教，通过竞赛，师生持续接触和学习实务前沿信息，锻炼投资实战能力。2019年，瑞达期货主办、奇获科技承办、厦门华厦学院协办的"奇获杯"全国大学生期货模拟交易大赛启动仪式暨证券期货进校园活动在厦门华厦学院举行。至2023年三方举办了五届"奇获杯"全国大学生金融投资模拟交易大赛，主要参赛对象为金融学、投资学专业学生，同时也覆盖到财务管理、审计学、物流工程、国际经济与贸易等专业学生。厦门华厦学院约有1200名学生参加了竞赛。2021年学校与瑞达期货开展第四届"郑商所杯"全国大学生金融模拟交易大赛华厦学院专场宣讲会。2022年，瑞达期货主办、奇获科技承办、厦门华厦学院协办的"奇获杯"省际高校金融科技挑战联赛如期举行。

厦门华厦学院学生在专业技能竞赛中屡获殊荣。自2020年起，厦门华厦学院连续三年获得瑞达期货主办、奇获科技承办、厦门华厦学院协办的"奇获杯"全国大学生金融投资模拟交易大赛"优秀组织高校奖"。

三、改革成效

（一）助力职业规划，专业认同感明显提升

截至2023年3月，金融学专业及投资学专业累积293名学生前往瑞达期货进行专业认知实习。在专业认知实习的过程中，瑞达导师会结合行业发展现状与前景、期货公司各部门业务与用人要求、期货交易和运营具体案例等内容，帮助学生认识和了解期货行业，进而帮助学生开展学业规划和职业规划，学生专业认同感得到很大的提升。

（二）无缝衔接职场历练，实习就业成效初显

2022年3月到2022年12月第一期瑞达奇获创新班成功举办，有24名学生获得期货从业资格证书，考试通过率40%，通过率较高，得到瑞达期货的一致认可。2022年6月开展校外生产性实习生招聘，从24名取得期货从业资格证书的学生中首批遴选金融学专业学生7名和投资学专业学生2名。2022年8月至2022年12月，5名学生经过双选持证上岗，顺利完成了生产性实习，其中2名学生达到了录用标准。这5名学生在生产性实习期间，结合实习内容，选取与期货相关的毕业论文题目，完成论文撰写与答辩，顺利毕业。2023年有6名学生进入瑞达期货进行生产性实习。截至目前三位金融学投资学专业学生毕业后在瑞达期货总部开户部和营业部就业。

第五章　民办高校应用型人才培养的实施路径——以厦门华厦学院为例

（三）提升投资者金融素养，投资者教育成效显著

为推动投资者教育纳入国民教育体系，瑞达期货多次走入校园，为全校各专业、各年级的学生带来理论结合实践的主题讲座，帮助全校约1100名学生学习金融知识，开拓金融视野，学生金融素养得到较大提升，金融风险防范意识显著增强。

（四）锻造师资教科研能力，专业育人后劲倍增

校企三方在探索瑞达奇获创新班基础上，深入开展教学改革课题合作。校企三方成立课题研究小组，研究以学生职业成长需求为中心的"多元需求前置嵌入，夯基固本多维赋能，生态聚力精准就业"的期货行业应用型人才培养实施路径，以及期货人才培养与就业联动、人才供需对接的互动机制。校企三方合作申请"需求嵌入、夯基赋能、精准就业：证券期货应用型人才培养的研究与实践"项目获批福建省2022年本科高校教育教学研究项目。

A-2 实习磨砺高质量，敬业担当有温度
——华厦·京东共育高素质物流人才

一、项目简介

校企合作协同育人是应用型本科高校创新教学模式，提升人才培养质量的重要途径。物流工程专业人才培养具有较强的应用性和实践性，在经济管理和工程技术的融合中，逐渐构建了校企协同、产教融合的体系。2021年初，厦门华厦学院物流工程专业与国内首屈一指的智慧物流服务商——京东集团下属的福建京邦达供应链科技有限公司（以下简称"京东物流"）建立校企合作关系，共建物流人才创新培育基地，共同探索物流人才培养模式。基于京东在电商、物流、IoT、大数据、区块链、5G等资源领域的行业地位、技术优势和产业能力，根据国家教育改革发展趋势和互联网行业转型升级对人才和科技的需求，共同探索校企合作育人新机制、新模式，实现人才培养模式创新、师资队伍建设创新、产业技术应用创新、项目成果转化创新，树立产教融合建设的标杆，为国家产教融合发展

提供数字商务与智能供应链人才培养的创新实践模式。

二、改革举措

（一）产学协同，打造高质量实习就业平台

高水平、专业化、开放共享的产教融合实践基地是提高应用型本科教育人才培养质量和就业竞争力的有效途径，是应用型本科院校建设技术技能人才培养高地和技术技能服务高地的重要保障与支撑。为响应"强化就业优先政策，健全就业促进机制，促进高质量充分就业"的就业战略，贯彻落实党中央、国务院"稳就业""保就业"决策部署，华厦学院与京东物流开启校企合作促就业活动，具体举措之一就是高度关注学生实习质量，并且重视高质量实习基地的建设。高质量的实习基地能紧跟科技日新月异发展的趋势，对接产业发展前沿，能让学生在大学阶段就积累符合就业市场需求的、高标准的执业能力和开阔的专业视野，这对其日后的求职将有较大的助益。

2021年6月，华厦学院物流工程专业与京东物流携手共建首期"华厦·京东产学协同试验班"，创新了校内虚拟实训和校外项目实战相结合的实践教学模式，助推了实习就业"零距离"的实现。

京东协助物流工程专业搭建了相关系统平台和课程体系，提供《专业认知实习》《智慧物流运营实践》《1+X 职业资格证书（物流）》等课程的教学资源和教学指导，让学生在校期间就提前储备了实习相关的理论知识，和数字化时代物流管理的技能。

《专业认知实习》课程自2021年开始，每年组织专业学生赴京东物流亚洲一号仓参观实习，了解物流行业动态，增加学生对专业的认知。参观实习过程中，由京东物流派出人事经理、部门主管与学生座谈，主要开展了三项活动：对京东物流各个部门的工作进行介绍，包括企业发展历程、企业业务范围、企业项目案例等；参观京东亚洲一号物流园的分拣流水线和仓库；与部门主管零距离交流，让学生进一步了解项目运行流程和相关技术。2022年5月，在初期合作成果的基础上，厦门华厦学院物流工程专业与京东物流达成共建毕业生就业基地的共识，并举行签约仪式。同期，京东派出实践经验丰富的企业工程师入校为学生开展系

列讲座，加深学生对行业发展趋势的理解与未来职业定位的认识。

当前，高校物流专业人才培养体系中还缺少数字化、大数据、人工智能等方面的课程，无法完全满足物流行业转型和物流服务产品升级的迫切需要。《智慧物流运营实践》运用校企共同支持与建设的仿真智慧物流设施，让学生在校就能体验智慧物流的运作模式和思考相关理论。

《1+X 职业资格证书（物流）》则建立在教育部"1+X"证书制度试点建设基础上。"1+X"证书制度体现职业教育类型特征，是培养应用型人才的重点改革举措。如何依托校企合作助力高校物流工程专业"1+X"证书制度的推行，融通推行专业相关 X 证书并开展社会服务工作，是校企双方探讨协同育人模式的重点工作。

华厦学院物流工程专业依托校企合作契机，与京东物流共建智慧物流职业培训基地，服务产业人才培养，聚焦中小企业数字化转型提供智慧物流人力资源升级服务。校企双方将汇聚各自优质资源，合力打造智慧物流人才培养与考评平台。校企共同开展"1+X"证书试点申报、师资培养和培训认证，开发考试培训课程《"1+X"智能仓储大数据分析》，并将该门课程融入专业课程体系，由校内专业教师与校外企业导师联合确定教学内容，联合指导，专业教师获京东物流"1+X"项目考评员资格。校企双方分别基于对教育和产业的深厚积累，联合开展仓储物流、大数据营销等领域人才培养标准的研究及推广，共同开展"1+X"职业技能培训与认证。

大学前三年在完成校内课程学习基础上，学生经过选拔在大四进入京东，开展企业生产性实习，校企双方进一步根据智慧物流人才培养目标和要求构建智慧物流课程教学体系，进而完善基于数字化技术应用的企业生产性实习方案，借助京东大数据平台、物流平台、电商零售平台，结合无界零售的营销方式以及客服中心和真实业务场景，依托企业典型工作任务，组织学生在代表业界顶尖水平的真实业务场景中进行操作、实践，实现了校内学习与校外实习的紧密对接。

（二）思政引领，培养敬业担当的新时代物流人

对学生来说，实习不仅是专业能力的锻炼，更是对职业道德、意志品质的磨练，实习同样需要课程思政的融入。华厦与京东的合作始于三年新冠疫情肆虐期

间，物流行业虽历经磨难，但发挥了保障社会经济运行的重要作用，学生在此期间参与到实习工作中，展现了物流新人敬业担当的一面。

2021年6月，来自厦门华厦学院物流工程专业2018级的18名同学经过考核面试成为实验班首期学员，来到刚刚投入使用的、智能化程度最高的亚洲一号仓，分别进入京东仓储部、分拣运营部和B2B部进行顶岗实习。华厦物流专业和京东供应链福建区域高管高度重视本次合作，物流专业带头人、物流教指委委员、华厦学院常务副校长陈民伟教授全程指导实验班教学的组织及实施，工学交替、担当作为成为实验班教学的核心理念。这是一次高起点、高标准、高要求、高强度的实习经历，面对突如其来的新冠疫情，京东班学员坚守与奋战、学习与提升，直面准职业生涯的一次次挑战，亮出一份份闪亮的成绩单。

三、改革成效

（一）智慧物流实践育人基地夯实实践课程内涵建设

物流工程专业同学经过考核面试成为实验班首期学员，分别在亚洲一号仓仓储部、分拣运营部和B2B部进行轮岗、顶岗实习，作为《智慧物流运营实践》课程融入专业教学体系。通过企业实践，学生进一步理解企业运作和企业氛围，学习先进物流技术，了解物流与供应链的岗位需求与就业方向。在课程实践基础上，强化学生的应用创新能力培养，推进产学研基地建设，搭建物流专业教育与企业生产实践相结合的人才培养平台，进一步服务地方产业发展。

（二）校企双方分工协作，实习就业质量持续提升

自2021年开始，学校每年组织学生赴京东物流亚洲一号仓参观实习，了解物流行业动态，增加学生对专业的认知。

2022年5月，在初期合作成果的基础上，厦门华厦学院物流工程专业与京东物流达成共建毕业生就业基地的共识，并举行签约仪式。同期，邀请京东物流福建规划负责人为学生讲解京东物流供应链网络规划与仓储规划的探索及相关应用；"亚一"园区人力资源经理开展《职业生涯规划》座谈，加深学生对行业发展趋势的理解与未来职业定位的认识。

通过校园宣讲、投递简历、筛选简历、面试等环节，最终录取20名学生进

入分拣运营部、仓储供应链部、大件供应链部、B2B 供应链部、逆向供应链部及终端数据支持等部门。

（三）智慧物流创新基地孵化产学研成果

经过近两年校企共同努力，厦门华厦学院获京东物流 2021 年度优秀合作院校；京东物流也成为物流工程专业深耕校企合作、落实应用型人才培养方案的育人典范企业。双方进一步探索联合开展涉企服务和"教科研"项目申报与实施，整合双方资源，建设智慧物流协同创新基地，围绕教育教学改革痛点与产业发展等关键问题开展联合创新研究，开展技术攻关、成果转化、项目孵化等工作。物流工程专业团队基于校企改革的教育研究项目——《产教融合视角下"智慧物流"实践教学模式改革的探索》入选教育部产学合作协同育人项目；《后疫情时代背景下应用型本科物流工程专业实践教学改革研究》列入教育部高校物流类专业教指委"2022 年物流教改教研课题计划"。

物流工程专业获评国家一流专业建设点，离不开产教融合模式的创新，彰显了国家对物流工程专业学生高质量实习就业的认可。华厦将与京东在现有合作基础上，进一步根据智慧物流人才培养目标和要求构建智慧物流课程教学体系，进而完善基于数字化技术应用的企业生产性实习方案和课程教学方案，探索出一套有效的、实现专业人才培养目标的教学培养模式，服务区域经济发展，提升产业创新发展竞争力。

A-3 虚拟仿真实习的探索与实践
——ARE 商业社会系统课程

一、项目简介

理论与实践结合，工学交替，产学合作是培养应用型本科人才的必由之路，"3+1"应用型人才培养模式力图打造真实的实习实践课程，让学生更好更顺利地适应未来工作的环境，锻炼工作的能力。真实的工作场景和岗位要求因具体的行业企业而各有不同，但万变不离其宗，管理学、会计学、财务管理、市场营销、供应链管理、成本管理、管理信息系统、人力资源管理等基础理论知识无不贯穿于实习实践中，学生在走进真实工作岗位前，如果能在校内通过虚拟仿真实习的方式集中地、系统地建立所学理论与实践工作的联系，将有助于他们树立正确的职业观、奠定从业的自信心、提高应用理论指导实践的能力。商务与管理学院开设 ARE 商业社会系统课程正是秉承这样的初衷。

ARE 商业社会系统课程不仅是商务与管理学院内的财务管理、审计学、会计学、金融学、投资学、物流工程、国际经济与贸易、会展经济与贸易、供应链管理等专业的集中性实践教学环节课程，也是面向全校开设的通识选修课，是衔接大学生创新创业基础课程的创业管理实战课程，现已有近 2300 名学生完成了课程的学习。

课程紧扣双循环新发展格局下国家供应链战略布局及创新创业所需的复合应用型人才需求，来自不同学科、专业的学生运用 AR 智慧财商平台，自主构建涵盖供产销及银行、税务、物流等外围组织的虚拟商业社会环境，综合运用经济管理多学科、多专业知识，分组开展供应链全流程、全方位、全员运营及创业实战对抗，掌握全局经营思维和跨专业、多岗位综合能力，形成良好的职业习惯、职业道德、基本信息素养，自觉遵行相关法律、管理制度和商业规则，磨炼团队协作、善于沟通、抗压耐挫、创新管理的品质，提高自身就业竞争力与创业成功率。

二、改革举措

（一）打造四位一体的教学资源平台

本课程由学生自主构建以供应链为核心的虚拟商业社会，供应链上中下游组织良性竞争、协同发展，与税务局、工商局等行政管理机构密切互动，完成了沉浸式的创业体验之旅。课程打造了集课程教学、创业辅导、师资提升和职业测评于一体的课程资源平台。

课程教学平台：师生置身于虚拟商业环境，提高了教学真实感，提升了教学效率和学习成效，并辅以超星资源平台确保学生随时获取信息和实用工具。

创业辅导平台：引入创业导师，举办创业沙龙，为创业学生提供咨询，引导学生阅读文献、案例，全面认识创业管理、数字化管理成果。

师资提升平台：校内外师资混编互聘，各展所长，提升"双师双能"素质，提高创新创业指导水平。

职业测评平台：全程多维评价学生创业管理中的表现，助力学生自我认知，个性学习。

（二）构建逐级递进的课程教学闭环

本课程仿真职场环境，以创业管理综合能力和职业道德塑造、跨组织多岗位业务财务协同创造企业价值为核心理念，以学生为中心，师生互动、生生互动、生企互动，在不确定的经营环境和个性化的经营活动中培养学生创新性、批判性、协同性思维，充分运用线上线下、校内校外资源，集思政教育、翻转课堂、思辨课堂、仿真课堂于一体，科学搭配情景体验法、角色扮演法、任务驱动法、直观演示法、讨论法等教学方法，实现"做中问，问中思，思中学，学中做，学做合一"，逐级推进"组织建设—创业实战—专题研讨—创业推演—总结反思"的教学闭环，课程思政融于实践场景，全程贯通，润心无形。

组织建设：仿真企业人力资源管理全流程，结合无领导小组面试、360度考核等工具，有助于学生未来更顺畅地衔接职场。

创业实战：学生操盘供应链数字化创业管理和实战对抗的全过程。

专题研讨：以问题为导向，设置人力资源、产品战略、价格机制、信用管理四个专题开展研讨，有机串联创业相关理论知识和案例，做"思学合一"。

创业推演：专业教师、企业导师、创业学生共同回顾和复盘创业经营管理历程，将学生的眼界、综合运用多学科知识系统解决复杂问题的能力、价值观职业观认知提升到更高的层次。

总结反思：贯穿于实战对抗全过程，通过每日会议、工作日志、专题研讨进行阶段总结反思，调整下一期经营策略，经营结束时进行全局复盘和系统总结，有利于实习就业和创新创业实践活动。持续改进的思想在学生的具体行动中潜移默化地形成。

课程思政自然融入，实战中践行诚信合规，研讨中碰撞思想、升华认识，引导学生树立并坚定为中华民族伟大复兴的中国梦奋斗的理想并付诸行动。

（三）设计仿真职场的课程评价模式

模拟企业人力资源部考核员工的模式，邀请具有国有大型企业人力资源主管经验的教师参与设计考核方案。过程考核和产出考核相结合、校内跨专业师资和校外企业导师考核相结合、个人评价和团队评价相结合、定量评价和定性评价相结合，引导学生形成集体协作共进意识与个人主动创新精神的职业习惯，以适应变化中的职场对人才的要求。

1. 过程考核和产出考核相结合

过程考核体现了一名准职业人从进入职场、职业培训、工作表现的职业成长全过程。进入职场的考核包括投递简历和应聘两部分，学生需根据所应聘岗位的情况制作个人简历，教师和所应聘单位的总经理会进行评价；应聘分为总经理应聘和普通员工应聘，总经理应聘采取多人竞聘的方式，由教师扮演人力资源官组织"无领导小组讨论面试"，对面试结果进行点评，最终由全体学生选出总经理。普通员工应聘则由总经理组织实施，并决定员工就职岗位。职业培训考核主要通过以组织基本情况和管理信息系统使用为内容的培训测试、以岗位履职情况为内容的分阶段测试来完成。工作表现通过自我评价和团队评价，以及经营过程中的投诉情况进行考核。产出考核包括实战成果和实验报告。实战成果以定量的形式综合地体现出组织整体经营能力，符合大多数组织考评业绩的方式，体现了本课程系列引导学生尊重商业社会运作的规律和结果的建设初衷。

2. 校内外师资考核相结合

为达到课程建设目标，本课程系列建立一支结构合理、专兼结合的师资队伍，主讲教师由校内外教师构成，专业背景包括财务、审计、市场营销、人力资源管理、物流管理等专业，主讲教师具有较丰富的教学经验和实务经验，保证了考核的专业度、公平性，并紧贴实务，带来的专业点评和经验分享更有助于学生职业成长。校外教师来自于企业，教学过程也成为其挖掘人才的过程，也帮助学生搭建了求职的新通道。

3. 个人评价和团队评价相结合

协同是供应链管理也是现代企业运作的核心理念，个人发展离不开组织的进步，在课程实施中不仅要求学生对自我表现进行评价，也要对合作伙伴进行评价，学生通过两相比较更深刻、全面地看待自己的优点及不足，也培养了抗压能力和适应环境的能力。教师考核学生注重个人和团队评价的平衡，让学生认识到要通过个人的主观努力和积极创新推动组织获得成功，才能体现个人的职业价值。

4. 定量评价与定性评价相结合

定量评价包括培训测试、阶段考核、实战成果、实验报告的量化分数，体现阶段性的成果；定性评价包括教师对学生表现的点评、整体商业运营的总结、CEO 例会中对学生汇报的指导，重在引发学生对专业、职业的思考，引导学生树立正确的人生观、价值观、商业道德，帮助学生辩证看待经济现象。

成绩采用等级制，综合成绩＝员工考勤×10%＋新员工入职培训测试×10%＋实战成果×60%＋实战报告×20%

考勤（总评成绩的 10%）：根据上课系统签到评定基本职业习惯。

培训测试（总评成绩的 10%）：岗前培训在线测试。

实战成果（总评成绩的 60%）：根据分组织设置的考核指标完成情况进行评定。

实验报告（总评成绩的 20%）：总分（满分 100 分）＝实战总结（85 分）＋实战感悟（15 分），实战总结（85 分）＝实战概况（30 分）＋实战分析（40 分）＋会议纪要（15 分）。

三、改革成效

ARE 商业社会系列课程的教师教学测评均位于学校前列，学生总体成绩优良率高，满意度达 98% 以上，认可度高。

学生在十分忙碌中经历了企业实习前的一次接近真实的工作过程，在实验心得中纷纷表示这是大学学习中深刻的体验，将对自己走上职场产生积极正面的作用。在紧接着的实习应聘中，学生普遍自发将本课程经历写入求职简历中，课程的实施达成了预期教学目标。

课程改革凸显挑战度、创新性及高阶性具体表现如下。

一是挑战度。产出导向，根据不同组织或岗位特点制订业绩指标作为成绩评价的主要标准，学生直面激烈竞争下业绩考评的挑战、新设组织人员磨合的挑战、数字化流程管理适应性挑战、商业伦理与盈利压力平衡的挑战、个人能力与组织需求、岗位职责适应性挑战，让学生在挑战中超越自我，融入集体，创造价值。

二是创新性。课程内容、教学方法、课程评价上全面对接真实职场场景，以学生自主经营为主，专业教师和企业导师扮演创业教练、宏观调控者、商业秩序维持者、创业前辈的角色，观察、陪伴、奖惩、辅导学生提升创业管理素养。学生沉浸于"AR+OA+ERP"构建的数字化商业环境，工作中逐步形成数字管理素养。

三是高阶性。贯通不同专业、不同课程、不同知识模块，跨专业教育与创新创业教育、德育教育、就业指导相结合，在实践中开展多种形式的研究型、专题式学习，培养了学生解决复杂问题的综合能力和高阶思维，为学生在毕业季精准对接就业需求储备了必要的知识、能力和资源。

以本课程改革作为重要组成部分的成果获评福建省第十届高等教育教学成果二等奖，入选《福建省本科高校教育教学改革研究典型案例汇编》，列入"厦门市职教师资培养培训基地"培训项目，2023年获评福建省线下一流本科课程。跨专业学生组队获得了全国供应链大赛一等奖、全国工训赛企业运营仿真福建省赛二等奖、"学创杯"全国大学生创业综合模拟大赛省赛一等奖。课程负责人获聘福建省数字经济"瞪羚"企业、厦门市重点后备上市企业——铸远数科公司数字孵化器创新创业导师。

通过本课程开展的虚拟仿真实习，学生对未来数字化工作环境、供应链业务场景、符合内部控制要求的流程化工作有了初步的认识和体验，实习就业自信心和适应度都得到了提高。

B 环境与公共健康学院

为探索多元协同的应用型本科人才培养模式，深化产教融合，切实推进紧贴产业需求的应用型人才培养，同时依据学校开展"3+1"人才培养模式改革的统一部署，2018年以来，环境与公共健康学院密切对接环境服务、食品安全、医药健康等产业，联合自然资源部第三海洋研究所、中国科学院城市环境研究所、隆力德环境技术开发有限公司、厦门海关技术中心、福建省水产研究所、SGS厦门分公司、厦门市华测检测技术有限公司、厦门力品药业、厦门艾德生物医药科技股份有限公司、万全万特制药（厦门）有限公司、万泰沧海生物科技有限公司、厦门海洋生物产业化中试技术平台、厦门蓝湾科技有限公司等多家专业相关企业开展生产性实习合作，参与学生来自环境科学与工程、食品质量与安全、制药工程3个本科专业，共计700余人，涉及课程包括产学合作协同育人项目——《环保服务实践》《食品检测与管理实践》《药品生产与检测实践》3门课程。

通过实施"3+1"应用型人才培养模式改革，推进实岗育人，合理、有序地引入企业资源参与学生核心职业能力培养，选拔符合人才培养的行业企业资源，作为校外生产性实习与就业基地，为四年级学生（准毕业生）提供8-10个月的实习机会，并为其提供轮岗机会，为学生专业能力应用训练等提供真实岗位，以实岗、实务促进核心职业能力训练，进一步强化人才核心职业能力培养，促进"在校所学"与"在岗所需"之间的良好对接。

实岗育人的"3+1"应用型人才培养模式改革成效明显。学生参与积极度高，且实习实践后表示收获良多；对实习与就业单位"3+1"改革模式表示深度认可，企业回招率100%，所有企业都认为该模式是符合应用型人才培养，更加契合企业用人需求，更有利于企业理念文化的培育。这种模式改革也给企业留有足够时间去培养储备人才、挖掘优秀人才；绝大部分企业对生产性实习学生的认可度高，学生能够不懂就问、主动交流，呈现出较强专业能力，因此学生就业留用率高。同时学生还基于生产性实习，真题真做，完成了毕业论文写作，获评了优秀毕业论文。同时基于"3+1"人才培养模式改革，《引企驻校模式下"教岗合一"的应用型人才实践技能培养体系构建与实践》项目获批福建省本科高校教育教学改革研究重大项目（项目编号：FBJG20200156），并入选《福建省本科高校教育教学研究典型案例汇编》（第三册）；《创新创业教育背景下制药工程专业"3+1"教学模式探索与实践》项目获批福建省创新创业类教改课题；《制药工程专业认知实践》获批福建省社会实践类一流课程。

B-1 华厦—隆力德产教融合人才培养模式探索与研究

一、项目简介

厦门作为21世纪海上丝绸之路战略支点城市和自贸试验区建设的国际化城市，对城市的生态环境要求越来越高，因此近几年来厦门及周边地区的环保产业发展迅猛。

厦门隆力德环境技术开发有限公司（简称"隆力德"）总部坐落于美丽的海滨城市——厦门，下设六个分公司，并在全国21个省份，设立了64个办事处。公司是致力于环境监测系统、水质及空气监测仪器的研发、生产、销售和环境自动监测系统运维服务于一体的高新技术企业。

2016年，厦门华厦学院与厦门隆力德环境技术开发有限公司正式签约，成立厦门华厦学院—厦门隆力德环境技术开发有限公司校外实习基地；2020年，成立厦门华厦学院—厦门隆力德环境技术开发有限公司就业基地。学校和企业采用"3+1"应用型人才培养模式。每年5月份，学校组织隆力德公司进校开展企业实习生招聘宣讲会，然后学生通过自荐与企业择优的方式，去企业进行为期一年顶岗实习。实习结束后，企业考核合格的学生将与企业双向选择，签订三方协议留在企业工作。"3+1"应用型人才培养模式为企业发展提供人才支撑，为学生就业提供保障。

除此之外，学校还在课程建设、聘请企业工程师进校授课、共同开发教材、实验室共建等方面与企业开展深入合作，助力人才成长。

二、改革举措

（一）引工程师进课堂，提高课程教学应用性

校企合作共建课程可以让高校教育更好地服务于社会和经济发展，这已经成为高校人才培养的重要模式，同时它也是推进课程建设、落实立德树人根本任务的内在驱动。该模式的优势在于能够使课程更符合市场需求、提高教育质量、增强学生的实践能力和竞争力等。

学校和企业共同设计《环境在线监测技术》课程教学计划，制定教学大纲，并由企业工程师携带最新的环境在线监测设备入校上课，最后由学校教师和企业工程师共同评估教学效果。企业工程师结合企业真实的业务场景和一线工作经验，把最新、最实用的技术技能传授给学生，这种以市场为导向的教学模式，可以根据市场实际的需求和反馈，对课程内容及时进行调整和优化，同时企业能够提供实际的案例和实践环节，帮助学生更好地理解和运用所学知识，增强学生的实践能力，这有利于培养符合产业高质量发展和创新需求的高素质与应用型人才，也

为后期"3+1"应用型人才培养打下坚实的基础。

（二）建专业特色实验室，支撑人才培养特色

学校与企业共建"环境水质在线监测实验室"，这是在教学配置上实现企业优质平台对学校教学资源的必要补充。双方以共建"环境水质在线监测实验室"为起点，构建科学的人才联合培养机制。学生在校就可以进行环境水质在线设备的系统调试、维护等多方面的专业技能训练，这样便于学生及时感知企业最前沿的技术应用，在知识结构上实现理论研究与技术发展的有效衔接。同时，学生进行相关课程综合实践时，企业还指派实践经验丰富的工程师来校与专业教师共同指导学生，及时将一线工作经验和技能传授给学生，从而使学生的专业技能和实操能力得到很大的提高。这正是依托企业的鲜活案例训练学生破解复杂工程问题的能力，在能力培养方式上实现第一课堂与第二课堂的有机联动，为学生高阶思维能力、创新创造能力和实践能力养成提供真实场景。

（三）创实岗训练模式，打通所学与所需

"3+1"应用型人才培养计划是厦门华厦学院的特色人才培养项目之一，该培养计划旨在培养能够适应社会需求、具有创新精神和实践能力的专门性应用型人才。参加"3+1"校企联合培养计划的学生，一到三年级在校期间完成3年专业课程学习，四年级采取校企联合培养模式进行学习，校内和企业导师商议制定个性化的培养方案，采用学分置换的形式，在企业进行实践锻炼，完成人才培养内容。

根据"3+1"应用型人才培养模式要求，每年5月份，企业进校进行实习生招聘宣讲会，让学生更加了解企业，然后企业和学生双向选择，被选中的学生进入企业轮岗实习，同时确定企业导师。企业导师将结合企业工程项目和岗位实际，以企业工程实际问题指导学生，使学生置身于企业的真实工作环境中，对培养学生项目开发的技能、强化学生的职业能力和职业素质起到关键的作用，真正实现了与企业"零距离"对接，为后续就业打下坚实的基础。

（四）借企业优势资源，打造双师双能型教师队伍

构建一支高素质的"双师型"教师队伍，是"新工科"课程建设发展的坚实

基础，培育一流师资的重要路径。高校教师的知识层次、人生阅历、学术影响力及其固有的认知、思维习惯具有一定优势，但这些教师一线实践工作经验不足，而应用型本科教育，教师的实践能力关系着学生实践认知框架和实践思维的构建，关系着实践课程的成效。因此通过走"校企合作""工学结合"之路，为构建"双师型"教师队伍创造了良好的条件，为培养教师工程实践能力拓展了平台载体。学院利用寒暑假安排相关专业教师1-2名，到企业中去，了解企业需求，寻找技术合作的交叉点。"企业行"作为校企合作的纽带，深化了校企之间的联系。通过到企业进行实践学习活动，参加企业的生产实践，有目的地了解、学习企业文化、岗位技能需求，有利于教师分析岗位职业能力，科学分解专业技能，把握学校教学的重点知识与技能，同时提高教师的专业实践能力。同时，教师也可以为企业进行员工理论知识培训，普及专业基本知识，为企业提供了技术支持和服务。

三、改革成效

（一）校企共建《环境在线监测技术》课程并出版教材

由校企合作共同设计、开发课程，在专业培养目标和培养要求方面更能符合社会和企业的实际需要，更契合我校应用型人才培养定位。目前有2018级、2019级、2020级，共115名学生，参与了由厦门华厦学院和隆力德公司共同设计、开发的《环境在线监测技术》课程教学，学生反映良好。同时，为了配合授课需要，学校和企业还合作共同出版教材《环境在线监测系统运维》。

（二）依托企业，建设了稳定的实习就业基地

1. 校内实习基地建设

学校与企业共建"环境水质在线监测实验室"，在校内学生就可以进行环境水质在线设备的系统调试、维护等多方面的专业技能训练。在学生开展相关课程综合实践项目时，企业还指派实践经验丰富的工程师与专业教师共同指导学生，及时将一线工作经验和技能传授给学生，从而使学生的专业技能和实操能力得到很大的提高。

2. 校外实习基地建设

相关专业学生已有7名在企业进行生产性实习。以实际工作环境为背景，让

学生到企业进行生产性实习,同时实行企业导师制,企业指派实践经验丰富的工程师作为企业导师,学生在真实的工作环境中完成了"学"与"用"的转换,实现了零距离上岗。

（三）助力双师双能型教师培训,促进教学质量

目前,学院安排相关专业教师3名,到企业进行相应的实践学习活动,并把企业最新的生产技术、经营管理、在线运维实操技能带到课堂。

（四）校企深度融合合作,实现校、企、生三方共赢。

校企合作推动了学校专业建设、课程建设的深入开展,促进了教学质量的提高,人才培养目标得以实现,为学生就业开辟了新的渠道。

作为企业的人才培养基地,学校是企业的人才库,企业可以从中吸收优秀的毕业生进入企业,为企业的竞争和发展积蓄力量。

校企合作收益最大的是学生,一方面,为学生扩大了就业的机会；另一方面,通过合作大大提高了学生的综合素质和技能。经过在企业的学习训练,学生就业后能够更快适应岗位要求,这在一定程度上提升了学生就业质量。

B-2 引企驻校——与厦门华厦学苑检测有限公司共同提升环境专业人才培养质量

一、项目简介

厦门作为中国经济特区和东南沿海重要的中心城市,其优美的生态环境给人留下深刻印象。随着"十四五"生态环境保护工作开展,厦门锚定创建全国生态文明示范市目标,厦门的环保产业也将迎来新的发展阶段。

厦门华厦学苑检测有限公司成立于2013年5月,公司致力于环境保护领域的第三方检测服务与咨询服务,重点开展水、气、土、公共场所卫生、油气回收检测等环境样品分析、技术培训和咨询服务等工作。公司于2015年9月获得检验检测机构资质认定证书,并于2016年3月通过市环保局组织关于社会化环境检测机构的备案考核,正式具备对外提供服务的法定资质。

厦门华厦学苑检测有限公司与学校展开深度合作，共建各类教学资源。现已共建微生物实验室、环境监测综合实验室、原子吸收实验室、ICP-MS实验室、离子色谱实验室等，实验室面积约2000平方米，配备质谱、光谱、色谱等与检测业务相适应的仪器设备及辅助设备逾百台。

校企共同成立了厦门华厦学院—厦门华厦学苑检测有限公司校外实习基地、厦门华厦学院—厦门华厦学苑检测有限公司就业基地。学校采用"3+1"应用型人才培养模式。每年5月份，学校组织公司进校进行企业实习生招聘宣讲会，然后通过学生自荐与企业择优的方式，企业遴选合适学生去企业进行一年生产性实习。实习结束后，考核合格的学生将与企业双向选择，签订三方协议留企业工作。"3+1"应用型人才培养模式为企业发展提供人才支撑，为学生就业提供保障。

二、改革举措

（一）引企驻校，全面融合，助力应用型人才培养

在人才培养体系改革方面，依托"厦门华厦学苑检测有限公司"平台，环境专业探索应用型人才培养实践技能培养体系改革，《引企驻校模式下"教岗合一"的应用型人才实践技能培养体系构建与实践》获批2020年福建省教学改革重大项目。

1. 在课程改革方面

一方面把企业实际环保服务项目与案例引入课堂，另一方面把企业导师引入课堂。通过项目驱动方式打造培养学生实践能力的课程平台。自实践基地成立以来，公司选派企业高级工程师与专业教师共同讲授《环境监测实验》和《实验室管理与控制》两门课程，用真实环境服务案例讲述监测方案的制订、样品采集、实验室分析、实验报告编制及实验室建设与质量控制等相关知识。教学内容涵盖了环境监测岗位与实验室质量控制岗位的所有流程以及相关工作内容在课程教学过程中，持续性进行分组分工的项目实战演练，极大提升学生的学习兴趣，增强学生的实践能力，提升教学效果和教学质量。

2. 在生产性实习方面

环境与公共健康学院通过与厦门华厦学苑检测有限公司合作，2020年起，部

分专业学生以实践基地为核心，通过两周轮岗的生产性实习，参与检测公司监测项目的实施。在生产性实习过程中，公司主要设置采样、实验室分析、实验报告编制三个岗位。各岗位的学生均由公司选派的有经验的工程师带队指导，学生可在项目实施过程中边学边做，进一步理解和巩固课堂知识。在这种生产性实习模式中，学生参与实际项目的实施，提高了知识转化的效果。学生们解决实际问题的能力得到了进一步提升，也为学生今后的就业或科研积累了实践经验。

3. 在"3+1"校外生产性实习与就业方面

为进一步推动"3+1"人才培养模式改革，提升专业学生的岗位实践能力，每年5月份，学校会组织公司进行"3+1"实习生招聘宣讲会。针对有意愿到厦门华厦学苑检测公司实习的学生组织一对一面试，面试合格后，可直接到实践基地参加"3+1"校外生产性实习。"3+1"应用型人才培养计划是厦门华厦学院的特色人才培养项目之一，旨在培养能够适应社会需求，具有创新精神和实践能力的专门性应用型人才。参加"3+1"应用型培养计划的学生，一到三年级在校期间完成3年专业课程学习，四年级采取校企联合培养模式进行学习，校内和企业导师商议制定个性化的培养方案，采用学分置换的形式，在企业进行实践锻炼，完成人才培养内容。学生在企业一年的实习过程中，可参与公司所负责的环境服务项目，并由公司选派的工程师一对一负责指导，进一步打磨学生的专业职业素质与操作能力。学生顺利毕业后，可择优到公司就业。

（二）借力企业，培训教师，强化教学产业意识

厦门华厦学苑检测有限公司实践教学基地不仅为环境科学与工程专业本科人才培养提供了有力保障，而且也为专业的教师队伍建设提供了实践保障。为进一步提升专业"双师型"教师队伍的数量与实践能力，每年暑期学校会安排1-2位教师进入实践基地学习。专业教师发挥理论研究优势，企业工程师发挥实践业务优势，双方共同开展环境服务项目，解决项目实施过程中的难点问题。通过双方密切合作，提高了专业教师的业务实践指导能力，促进了应用型人才培养目标下的师资队伍建设，提升了专业教师的职业素养。

（三）资源共享，助力发展，促进实验项目优化

学院已与厦门华厦学苑检测有限公司签订合作，公司可共享学校现有的仪

器设备资源开展检测服务，包括高效液相色谱质谱联用仪（LC-MS）、在线凝胶色谱净化—气相色谱质谱联用仪（GPC-GCMS）、电感耦合等离子体质谱仪（ICP-MS）、等离子体发射光谱仪（ICP-OES）等，进一步发挥仪器价值，提高其运行效率，为学校带来一定的经济效益，同时还可减少仪器设备日常的维护成本，反哺于学校实验室管理。环境与公共健康学院的教师也可在实际授课过程中，使用公司购买的最新设备，如烟气采样器等，将废气采样过程融入实验教学中，拓展学生的知识面，提升教学质量。

（四）加强合作，联合攻关，促进科研成果转化

在资源共享的同时，双方结合自身优势，在环境监测领域进行沟通交流，结合自身在环境监测、环保咨询等项目积累的经验优势，共同开发项目、设立标准，为公司相关检测项目提供技术参考；学校利用自身科研优势，将科研成果转化于公司，助力公司检测技术能力的提升，解决企业在项目实施过程中遇到的难题。实践基地成立以来，学校还利用自身的科研优势，现已承担企业横向项目1项，主要开展基于同位素比值法的土壤—水稻体系中铅分布规律应用研究，在项目合作的基础上，学校与公司共同制定一项企业标准《土壤赋存形态中铅同位素比值的测定电感耦合等离子体质谱法》，为公司相关检测项目提供技术参考。同时将一项发明专利（一种总磷快速微检测系统（ZL201610396495.3））成功转化给厦门华厦学苑检测有限公司，促进公司技术引进，加快技术进步，有效提高公司监测技术能力。

三、改革成效

（一）依托校企共建平台，优化了应用型人才培养模式

依托"厦门华厦学苑检测有限公司"平台，环境专业探索应用型人才实践技能培养体系改革，申请的《引企驻校模式下"教岗合一"的应用型人才实践技能培养体系构建与实践》获批2020年福建省教学改革重大项目。

2018级、2019级、2020级、2021级学生共167人，参与高级工程师与学校教师共同讲授的《环境监测实验》和《实验室管理与控制》两门课程。持续性进行的学生分组分工的项目实战演练，极大提升学生的学习兴趣，增强学生的实践

能力，提升教学效果和教学质量，为后续的实习和就业提供有利支持。

自实践基地成立以来，公司已接收生产实习、"3+1"实习、毕业实习或就业80人次，并促成就业6人，有效促进环境监测应用型人才培养。

（二）借助企业实际项目，提升了实践教师的产业敏感度

寒暑假期间学校组织教师进入企业，参与实际环境服务项目的实施，提升教师的实践能力。现已有3名教师完成企业实践基地的学习，进一步提高教师的实践动手能力和专业技能水平，促进学校"双师型"教师队伍建设。

（三）通过资源共享，为师生提供了接触实践项目的机会

校企双方充分发挥各自领域的优势，通过仪器设备和优质资源共享，实现校企资源的有机结合和优化配置，大幅提高大型仪器设备的利用率，同时扩展学生知识面，提升教学质量。

（四）校企联合研发，产出了多项技术成果

自实践基地成立以来，现已承担企业横向项目1项，主要开展"基于同位素比值法的土壤—水稻体系中铅分布规律应用研究"。在项目合作的基础上，学校与公司共同制定一项企业标准《土壤赋存形态中铅同位素比值的测定电感耦合等离子体质谱法》，为公司相关检测项目提供技术参考。同时将一项发明专利（一种总磷快速微检测系统（ZL201610396495.3））成功转化给厦门华厦学苑检测有限公司，促进公司技术引进，加快技术进步，有效提高公司监测技术能力。

B-3 "华厦—华测"校企联动共育检测技术人才

一、项目简介

厦门市华测检测技术有限公司成立于2010年5月10日，是华测检测认证集团股份有限公司在福建地区的子公司。华测检测认证集团股份有限公司（简称"CTI"）是中国第三方检测与认证服务的开拓者和领先者，是一家集检测、校准、检验、认证及技术服务为一体的综合性第三方机构，该公司在全球范围内为企业

提供一站式解决方案。2009年10月30日，CTI成功在深交所挂牌上市，股票代码：300012，成为中国首批、深圳首家在创业板上市的公司，也是国内检测行业首家上市公司。

2018至2019年，厦门华厦学院与厦门市华测检测技术有限公司初步建立合作关系，并探讨校企双方协同育人模式；2020年，厦门华厦学院与厦门市华测检测技术有限公司正式签约，成立厦门华厦学院—厦门市华测检测技术有限公司校外实习基地。校企双方通过采用"3+1"应用型人才培养模式，推进实岗育人，合理、有序地引入企业资源参与学生核心职业能力培养，并为四年级学生（准毕业生）提供8-10个月的生产性实习机会，生产性实习期间施行轮岗制度，为学生专业能力应用训练等提供真实岗位，以实岗、实务促进核心职业能力训练，进一步强化人才核心职业能力培养，促进"在校所学"与"在岗所需"之间的良好对接。

每年5月份，学校组织华测公司进校开展企业实习招聘宣讲会，通过学生自荐与企业择优的方式，企业遴选合适学生去企业进行一年生产性实习。实习结束后，考核合格的学生将与企业双向选择，签订三方协议留企业工作。"3+1"应用型人才培养模式为企业发展提供人才支撑，为学生就业提供保障。除此之外，学校还在课程建设上聘请企业工程师进校授课、共同开发教材、实验室共建等方面与企业开展深入合作，助力人才培养。

二、改革举措

"3+1"应用型人才培养模式，即大学四年的前3年在校内系统学习专业知识，第4年在校内和校外结合生产、工程和科研进行实践的模式。在"3"的建设过程中，理论教学部分引导教师以"项目驱动"为核心，把实践项目贯穿于整个教育教学活动。在实践教学过程中，引导教师注重实验的设计性，加强学生创新意识和思维。如图5-2-2所示，在"1"的建设过程中，首先，结合厦门市华测检测技术有限公司的岗位需求及专业学生情况，校企双方共同制定教学计划表，然后进行实习双选，学生在大四进驻企业后进行跟岗实习及顶岗实习，通过"3+1"的教学模式提高学生的创新思维及实践能力，最后顺利在实践基地就业。

第五章 民办高校应用型人才培养的实施路径——以厦门华夏学院为例

"1"的建设

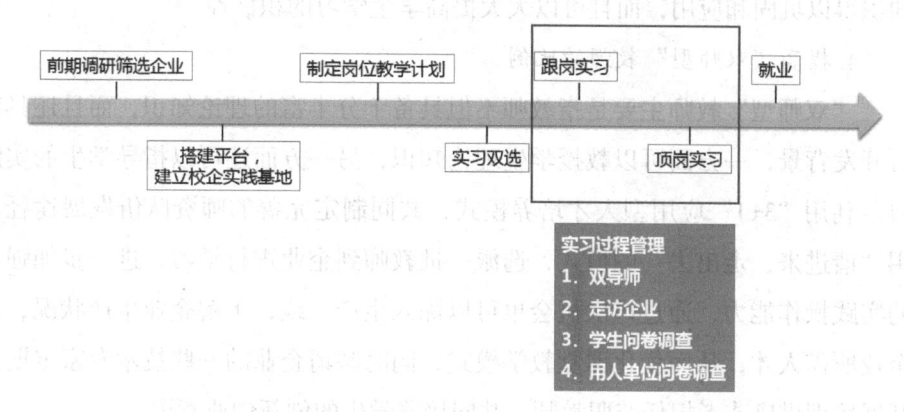

图 5-2-2 "1"的建设

主要采取的改革措施包括以下几点。

（一）优化校内课程体系，提升学生创新创业意识

1. 理论教学以"项目驱动"为核心

项目驱动式教学过程是一种以"学生为主体""以教师位指导"的协作学习，是"行为导向"由学生自身构建知识的学习过程。教师根据课程的特点，选取合适的项目为教学案例，在此基础上展开理论知识的讲解。通过项目教学学生在学习过程中能够及时地了解为什么要学这门课，学习了这门课程之后能具有什么能力，能干些什么工作，从而使学生的学习目的更加明确，提升自身的创新思维及创业意识。

2. 实践教学增加设计性实验的课时

适当减少验证性实验学时，增加综合性、设计性实验的比例，支持以问题为中心的团队探究性实验，在任课老师的指导下，让学生独立查阅文献资料，提出实验方案，然后以团队协作的方式完成，通过综合性、探究性及设计性实验的开展让学生对仿制药的开发有较理性的理解，从而提高学生创新意识与团队协作能力，同时要完善实践评价体系，注重过程考核，突出创新创业型人才培养。

3. 以课程教学为依托，鼓励学生参加创新创业训练项目

为了让学生既有实践的内容又有实践的热情，在教学过程中结合企业的生产情况，发现符合工业实际的相关项目，通过设计后转化为适合学生参与，并且能

够包含学生所学理论知识的模拟项目,通过创新创业项目训练不仅使学生的理论知识得以巩固和应用,而且可以大大提高学生学习的积极性。

4. 提高"双师型"教师的比例

"双师型"教师主要是指教师不但具备十分丰富的理论知识,而且还具备项目开发背景,一方面可以教授学生理论知识,另一方面还可以指导学生的实践实习。利用"3+1"应用型人才培养模式,共同制定完善的师资队伍发展途径,运用"请进来、走出去"的模式,选派一批教师到企业进行学习,进一步加强教师的实践操作能力,通过该次机会也可以深入生产一线,了解企业生产状况,熟知企业所需人才,从而优化课堂教学模式,同时聘请企业的一些技术专家定期到校开展培训讲座或者担任兼职教师,共同培养学生的创新创业意识。

(二)校企共建实践教学基地,为学生创新创业能力培养奠定基础

学校的人才供给和企业的用人需求很多时候无法完全匹配,这很大程度上要求高校与企业展开有效合作。建设厦门华厦学院—厦门市华测检测技术有限公司校企合作平台,学校可以利用企业的先进设备、技术优势等,实现理论知识与企业实践的有机结合,提高人才培养质量和办学水平;企业可通过实践教学,培养专业对口人才,节约了人才培养成本;学生参与企业生产实践,创新意识也将得到提高。

(三)构建校外实践教学体系,加强创新创业能力培养

1. 实行"双导师"制

学校根据实践教学需要建立联动的"双导师"制,企业工程师和专业专任教师组成双导师,建立实践教学活动中"教师—工程师"有机结合的新机制。在大四进行企业实践教学过程中,由企业指定工程实践经验丰富的中、高级工程技术人员,监督指导学生的实践;同时学校也指派校内指导教师,负责实践计划制定等工作。采用"双导师"制可以帮助学生解决大学本科最后一年的学习和实习中遇到的各种理论和实践问题,保证学生创新能力的提高。

2. 强化过程管理

为保障学生在校外进行有价值的实践,校内指导教师每1-1.5个月定期去企业走访,首先和每位学生企业导师进行交流,掌握学生工作内容、工作表现、实践能力及创新意识等,确保对学生的实践情况有全面的了解,然后和学生进行交

流，掌握学生的实习动态，指导学生后续如何快速提升自己。

3. 开展问卷调查

为充分掌握学生的实习动向、企业对实习学生的满意度，针对企业和学生做2份问卷调查，其中，对学生问卷调查条目要收集：学生实习岗位、岗位培训、岗位内容、企业对于知识及能力的要求、个人提升、就业意愿、未来规划等。通过对学生开展问卷调查可以真实掌握企业实践教学的开展情况，掌握学生的实习动态。在对企业的问卷调查条目要收集：企业对学生知识评价（专业知识、行业相关知识等）、能力评价（创新能力、解决问题能力等）、满意度、继续聘用意愿及需要改进的意见等。通过企业的问卷调查可以真实掌握学生知识及能力的提升情况及未来需要改进的地方。

三、改革成效

（一）建立"3+1校外生产性实习—毕业实习—就业"梯度式实践教学模式

2020年，为落实专业对接岗位，人才培养服务地方经济，突出我校应用型人才培养特色，学院与厦门市华测检测技术有限公司建立校企合作，助推产教融合的人才培养模式改革，提升专业建设水平，提高办学水平和人才培养质量，提高学生的就业能力。学院结合区域产业需求和科技服务民生专业群特色，与厦门华测建立梯度式实践教学模式：在第七学期建立了"3+1"校外生产性实习课程，通过前三年的在校学习，学生在掌握本专业相关基础知识和基本技能的基础上进入厦门华测实习，将理论知识与工作实践有效地结合起来，培养学生综合运用知识解决实际问题的潜力，培养实事求是、严肃认真的工作态度。通过第八学期的毕业实习，进一步提高学生的综合素质，强化动手能力，提高自身专业技能，达到零距离上岗的目的，让学生逐渐完成从学生到社会工作者的过渡，把学生培养成为能够主动适应社会主义现代化建设需要的应用型人才。经过"3+1"生产性实习和毕业实习两个阶段，学生切身体会由学生转变到职业人的过程，进一步了解社会，增强对社会主义现代化建设的责任感、使命感，为离开社会、走向社会、适应社会、融入社会做好充分准备。在毕业实习结束后，根据学生与企业双方的满意度，正式入职企业。通过"3+1校外生产性实习—毕业实习—就业"的梯度实践教学方式，全方位多维度提升了学生的知识体系，充分体现了厦门华厦学院应用型人才的培养模式，为学生精准就业提供了保障。

（二）构建与岗位能力相对接的课程群，形成"理论服务实践，实践验证理论，毕业设计综合考查"环环相扣的课程体系

为提升学生的实践能力，实现学校与企业的无缝对接，学院结合产业需求建立了以仪器分析、微生物学、环境监测、食品分析为理论，基础化学实验、仪器分析实验、微生物学实验、食品分析实验、环境监测综合实验为实践的课程群。学生通过理论知识的学习并结合华测检测的企业实习，充分掌握食品和环境样品成分检测流程，在此基础上与校内指导老师共同设计完成毕业课题，形成"理论服务实践、实践验证理论、毕业设计综合考查"环环相扣的课程体系，为后续人才输出奠定基础。

（三）构建以课程实践铺路，以毕业实习铸就，以就业无忧为目标的"课程+实习+就业"一体化模式

课程实践是我校"3+1"项目的重要组成部分，每年会根据企业需求及学生意愿，选择一部分学生去企业参加课程实践。课程实践的时间为大四上学期，即从当年9月开始到次年1月，不少于16周。在课程实践中，学生能进一步理解企业运作和企业氛围，学习企业先进技术，对促进学生提前确定自己的就业方向有很大好处。2020年开始，我校派遣35名学生去企业参加课程实践。经过半年的课程实践，学生对企业和行业有了较大的认识，进一步对自己的人生定位和就业选择有了清晰的规划。部分学生因各种原因会离开原企业选择新的毕业实习单位，部分学生会继续留在企业进行毕业实习。毕业实习时间为大四下学期，即从当年2月至5月，不少于12周。经过一年的企业实践，企业根据岗位需求及学生意愿，每年会接收一定量的毕业学生，共接受就业学生20名。

C 信息与智能机电学院

学校坚持"向产业开放，向企业开放，向社会开放"，开展多种形式的校企、校政企和校校企合作。信息与智能机电学院根据学校"3+1"应用型人才培养模式改革的统一部署，瞄准区域信息产业集群，努力探索校企合作"3+1"应用型人才培养模式改革新思路，联合宁德时代新能源科技股份有限公司、三大运营商、中国铁塔、全磊光电股份有限公司、南京华苏科技有限公司、厦门华电开关有限公司、厦门纵横集团股份有限公司、四三九九网络股份有限公司等开展校企合作，涌现了"机器视觉联合培养班""华苏网优工程师班"等"3+1"应用型人才培养模式改革示范，学生的专业知识、实践能力、团队协作等职业素养得到了显著的提升，也得到了用人单位的高度认可，多名同学在"3+1"校企联合培养过程中表现优异、被企业立为典型；部分同学经企业授权，融合企业项目与学校毕业设计，提出一些创新设计思路与设计成果获得校企双方认可，获评优秀毕业设计。

学院"3+1企业课程实践"课程融合学生"准职业人"培养，校企合作项目入选《教育部高校学生司关于征集第二期供需对接就业育人项目》。

C-1 ICT产业学院模式下的通信工程人才培养模式改革

一、项目简介

2015年学校成功入选首批"教育部—中兴通讯ICT产教融合创新基地"，在教育部与中兴通讯有限公司联合签署的《ICT产教融合创新基地合作协议》框架下，学校与中兴通讯公司共建产业学院——厦门华厦—中兴通讯ICT学院，校企共建通信工程专业，开展人才培养与科研创新的合作，探索"校企联动、互促共赢、全程共建"的ICT产教融合创新模式。通过深度校企融合，以创新实践基地建设、双师型教师培养和课程体系改革为抓手，夯实应用型人才培养基础，形成独具特色、较高水平的应用型人才培养体系。根据学校发展规划和人才培养目标定位的要求，构建"双体系+双主体+双课堂"的专业人才培养模式，创新六位一体多元育人管理模式，使培养出来的学生理论基础知识扎实、实践操作技能娴熟、专业实践能力和创新能力强、社会适应性较强、具有团队合作意识和合作精神，满足社会对专业人才的需要。同时开展ICT产业学院产教深度融合模式下的"3+1"应用型人才培养模式改革。大学第1-3学年，学生完成校企联合制定的人才培养方案中相关课程教学内容，课程按照混编师资团队"一课双师"的模式进行，掌握必备的专业理论知识、技能和职业素养，同时在此期间部分企业根据需求通过第二课堂、讲座、共建实验室等形式提前介入学生培养。在第4学年，充分利用学校和相关企业实践实习资源池资源，学生在企业深入学习实践，根据企业的实际生产模式和项目，在企业指导老师、校企专业老师、职素老师、思政老师的指导下完成相关课程实践内容、毕业设计、毕业实习及就业，将学生所学的理论知识与实际问题结合，并保证所有学习实践过程以就业为导向，开展产教深度融合模式下的"3+1"应用型人才培养模式改革。

二、改革举措

（一）做好学生"3+1"校外生产性实习就业保障

坚持以就业为导向，以服务为宗旨的办学思想，是学校人才培养的本质要求。就业工作是学校工作的重中之重，关系到学校的生存，关系到学校的办学声誉，关系到国民经济的发展和社会稳定。

1. 建立"3+1"校外生产性实习就业工作机制

成立"3+1"校外生产性实习就业工作小组，小组成员包括ICT产业学院企业驻校教师、学校专业教师、"3+1"企业工程师、辅导员等，为"3+1"实习就业服务。定期与"3+1"合作企业座谈交流，了解企业的实际需求和学生实践实习等相关情况，发现问题及时反馈解决。

2. 坚持"以就业为导向，以学生为中心"改革教学模式，提高学生就业的适应性

（1）根据高校本科人才培养规律，结合学校及区域行业特点，以就业为导向、以学生能力培养为核心，以校企合作、产教融合为依托，校企联合制定人才培养方案。同时建立调研反馈机制，适时调整人才培养模式。

（2）调整实训教学内容，使之更切合企业实际应用需要。强化校内实训环节管理，提高学生的技能水平。在项目课程理念的指导下，编写符合企业实际需要的训练项目，使得学生提前熟悉企业生产的内容和质量要求。

（3）企业以第二课堂、共建实训室、开展讲座、技术培训等多种形式提前介入学生专业学习，为学生参加"3+1"企业实践实习打好基础。

第五章 民办高校应用型人才培养的实施路径——以厦门华厦学院为例

（4）开展"准职业人"的培养，引入企业职素导师，通过职素课程和职业素质拓展实践等方式开展对"准职业人"的培养。让大一学生在入校之初即开始植入"准职业人"培养模块，将"学生管理"工作逐步转变到"职业管理"工作，从大一开始，将职业素质教育、学生活动组织、学生行为管理、学生团队组建与管理、学生心理辅导与思想交流、职业规划辅导、职业体验与实践等方面分阶段融入本科人才培养方案，通过导师引导，提高学生主动学习能力，快速提升自身职业素质。

（5）定期开展行业讲座。每年邀请合作企业高管、行业专家来校给学生举办相关行业讲座，可以极大地拓宽学生视野、了解行业动态、了解企业需求、了解岗位要求等就业相关信息，以便学生在校期间树立就业意识、储备相关专业知识、提升就业技能和职业素养。

（6）企业参观。学院每年都会多次组织学生到合作企业参观，帮助学生了解行业情况、企业情况，树立正确的就业观念，提升学生职业素养。

（二）开展多种形式的"3+1"校外生产性实习就业动员活动

（1）通过企业实践实习动员大会，聘请高校专家、企业高管、校友等，多方位从不同角度对学生进行动员教育，让学生认识到实践教育的重要性。

（2）召开企业专场说明会，聘请知名企业入校，根据校企合作协议等进行企业宣讲、校企合作项目、企业课程实践解读等，让学生深入了解企业、了解专业应用、理解校企培养计划。

（3）举办大型课程实践实习就业企业见面会。聘请深度合作企业，在校内共同举办大型课程实践实习就业企业见面会，让学生可以面对面和企业进行沟通，企业和老师为学生现场答疑解惑，让学生可以选择更适合自己的课程实践实习专业方向。每年会开展至少1场大型企业见面会，每年参会企业均超过40家，2023年企业见面会超过62家合作企业参会。

（三）加强企业深度合作开发意识，建立多层次、全方位牢固的实践实习就业基地

（1）巩固好已有的实践实习就业，同具有传统友谊和有长期合作关系的企业和用人单位，进一步加强接触，为校企联合育人提供有利保障。

（2）根据企业需求、学生意愿、专业方向等分类，形成多个方向的"3+1"课程实践班，对应不同企业和用人单位需求。

（3）不断进行市场调研，与企业交流，建立新的实践实习就业基地。

（四）全流程跟踪保障体系

ICT产业学院企业派驻实习就业经理长期驻校，配合学院团队建立了一整套完善的校企合作学生实习就业工作管理制度，涵盖人才培养、就业资源池建立、合作专业专场企业见面会、"3+1"校外生产性实习推进及跟踪、实习回访、实习就业指导、就业跟踪、优秀学生案例整理、实习就业报告等。

三、改革成效

（一）助力人才培养模式改革

根据我校学生在福建省深度合作实习就业超过50家企业进行调研，ICT产业链进行细分行业，岗位大体可以分为以下几类（图5-2-3）。

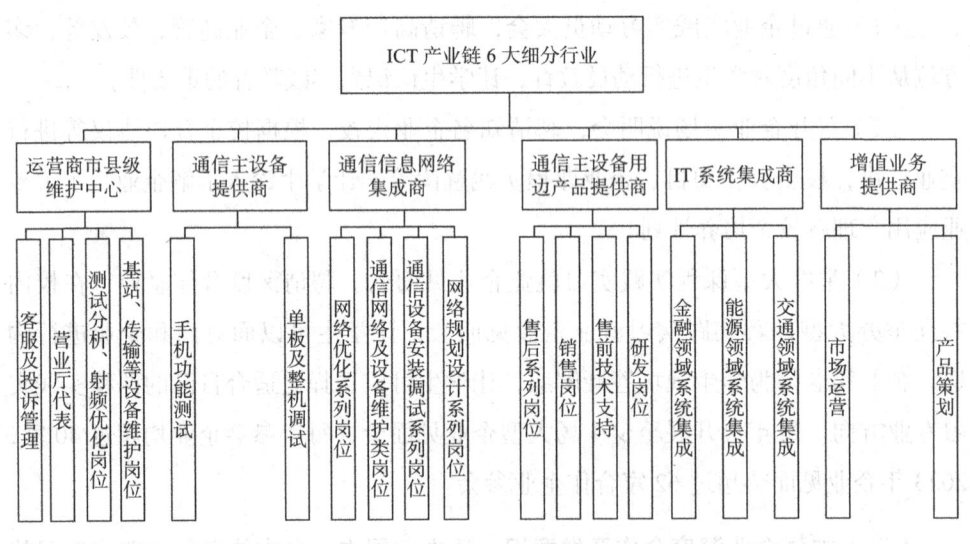

图5-2-3 ICT产业链调研报告—行业细分

通过对各类型企业调研和企业招聘要求进行对比和分析，我们能够清楚地了解到，随着社会的进步和发展，企业对应聘人员的专业知识、学习能力、沟通和协作的能力有更高的要求。我们在人才培养的环节上，要以培养应用型人才为导向，让在校生充分掌握专业技能，从而去满足企业和社会的需求；用人单位在招聘时，绝大多数的企业会重点关注毕业生在校时的基础知识、比赛经历、项目经验等，学校应为学生基础专业知识、参加各类比赛、参与各类项目研发提供便利和支持，以提高学生的求职实力；学生通过比赛和项目实习，除了提高自身的专业技术水平外，动手能力、素养、团队意识以及沟通协调能力都会得到相应的提升，以此能更加匹配企业对毕业生的个人能力需求。

（二）推进企业资源池建设

建立和拓展了"企业资源池"信息网络，并实施了应用型人才的个性化培养方略，提高了人才培养与社会发展需求的契合度。截止到2022年底，企业资源池已经录入310家企业，其中福建省内企业280家，占总企业数的90.32%；厦门企业190家，占总企业数的61.29%。目前为通信工程专业储备了1500余个工作岗位，生均岗位比超过1:10。

（三）提升学生培养成果

学生能力得到提升，所培养的学生参加各级比赛获得省市级以上奖项11项，学生参与申报知识产权作为共同发明人申请专利10项。组建校企混编师资指导团队，学生积极参加创新创业赛事（大学生训练项目、三创赛、互联网+等），学生参加各类创新创业大赛获奖60多项，福建省大学生创新创业训练立项48项，获得国家级大学生创新创业立项15项（表5-2-1）。

表 5-2-1　部分学生比赛获奖成果

	项目名称	类别
创新创业项目（部分）	柏学工作室	国家级大学生创新创业立项
	基于校园数据挖掘推荐的Yum大学生社交app	国家级大学生创新创业立项
	智能空气质量检测仪	国家级大学生创新创业立项
	基于单片机控制的自来水管道清洗设备	国家级大学生创新创业立项
	"华厦学院·中国移动"学生创新创业实践基地	福建省大学生创新创业训练计划项目

续表

	项目名称	类别
创新创业项目（部分）	青漾健康一款为自律而生的APP	福建省大学生创新创业训练计划项目
	云鲸生活	第九届三创赛"福建分赛区"省赛一等奖
	为酒店而生的app	第九届三创赛"福建分赛区"省赛一等奖
	探陌APP	第五届福建省"互联网+"大学生创新创业大赛银奖
	智能更衣间	第五届福建省"互联网+"大学生创新创业大赛银奖
	芸逗C2C社会化营销电商平台	福建省"互联网+"创新创业省赛高教主赛道铜奖

（四）促进学生就业

1. 毕业生薪酬水平分析

通信工程2019届到2022届毕业生的平均薪资呈现逐年上涨趋势。2021届毕业生的平均月收入（月收入包括工资、能折算为现金的福利等）为5487元。毕业生收入主要集中在4000-6000元（为62人）和超过6000元（21人）两个薪资区间，其中毕业生通过专业知识自主创业，将所学专业知识转化，薪资水平最高达到1万元；2022届通信工程毕业生的最高薪资水平上升至3.2万元。

2. 毕业生所从事的工作与专业相关度分析

2021届毕业生所从事的工作与所学专业的相关度调查中，与专业相关的达到92.36%，2022届毕业生所从事的工作的专业对口率达到92.80%。从2019届到2022届，专业相关度均超过92%。

（五）获企业好评价

2021和2022届通信工程专业毕业生工作状况调查中，学生对目前的工作满意的占97.22%和97.84%。两届通信工程毕业生就业状况总体良好，毕业生对自己的工作现状也比较乐观。

用人单位对毕业生工作情况的满意度调查结果显示：聘用过通信工程专业应届生的用人单位基本对华厦学院应届毕业生表示满意，满意度为98.4%。大部分来华厦学院招聘的企业都表示愿意继续招聘华厦学院毕业生，后续继续加深合作。可见，华厦学院毕业生对用人单位吸引力较高。用人单位聘用华厦学院毕业生的主要理由是：专业对口（82.2%），能力和知识结构合理（74.34%），符合用人单位职场文化和价值观（68.25%）。

C-2 厦门华厦学院—宁德时代—厦门欣视博汇智能科技有限公司校企"3+1"应用型人才培养模式改革

一、项目简介

为了配合国家"智能制造2025"及工业4.0战略，深入实施实用创新型人才发展，同时探索"3+1"应用型人才培养模式改革，充分调动大学生的就业积极性，优化学生就业出口，厦门华厦学院信息与智能机电学院与宁德时代、厦门欣视博汇智能科技有限公司在人才培养、人才输送、实验室共建、学生实践、实习、就业工作等方面进行深入的校企合作，基地每年为企业输送大量的高标准职业化的工程师，有力地助力企业发展、提升企业竞争力，同时提升学生专业技能和素养。

宁德时代是一家新能源领域全球领先企业，其很多产品被全球各大企业采用，产品全球市场占有率超过30%，具有极强的市场竞争力和创新力。

厦门欣视博汇智能科技有限公司是一家国家级三高企业，是厦门市高新技术企业，公司致力于智能制造方面，如视觉识别技术、条码技术、RFID技术、物联网络技术、自动化技术、应用软件技术等相关产品的设计、研发、生产，其主要合作对象有宁德时代、富士康、美的等知名企业。

二、改革举措

（一）签订校企合作协议并授牌人才培养基地

校企双方通过深入调研交流，多次探讨，厦门华厦学院信息与智能机电学院与宁德时代—厦门欣视博汇智能科技有限公司在2020年达成了共建大学生校外实习实践基地协议。基地致力于联合企业进行人才培养模式、实习就业等模式的探索和研究。同时学校授予厦门欣视博汇智能科技有限公司"校企合作学生实习就业基地"牌匾，企业授予学校"校企合作人才培养基地"牌匾。

校企合作内容包含了学生在校期间的合作及校外企业实践合作。其中校外实践采用校企双方共同参与的指导教师团队：企业提供专业的技术人员，工程师和管理人员与学校专业老师共同组成，形成了双方参与、协同工作的高层次"双师"指导教师队伍。企业配备理论和实践教学方面的校外指导教师6人，学校提供专业指导老师6名，双方共同指导和培养基地学生，实践基地应采取有效措施，调动指导教师的积极性，不断提高指导教师队伍的整体水平。

（1）基地应以人才培养为目标，双方根据实际情况探索建立可持续发展的管理模式和运行机制，建立有关校外实践教育的教学运行、学生管理、安全保障等规章制度。

（2）基地应该加强学生的安全、保密、知识产权保护等教育，做好相关的管理工作。要提供充分的安全保护设备，保护学生的身心健康与安全。

（3）实训基地在满足学生实践教学的基础上，还设立了培训中心。该培训中心的主要任务是定期对承担基地教学任务的指导教师和企业员工进行生产、管理、安全等知识的培训，以及对在企业完成毕业论文（设计）的学生进行指导。

企业将依据企业政策为本科生提供实习补贴，企业为学生提供免费住宿并提供生活用品，同时为学生提供免费的工作餐，另外为学生购买商业保险。

自2019年基地成立至今，通信工程专业一共为基地推荐了33名学生，均由基地校企双方老师共同指导。经过校企双方多年的配合和推进，逐渐探索出一套合理高效的校企协同育人模式。该模式中，学生首先进入企业各岗位进行轮训，每个岗位轮训2周到1个月不等，经过半年的轮训，在学生对各岗位都有了清晰的了解基础上，企业再根据学生的意愿对学生进行为期半年的定向岗位培养，这期间由企业高级工程师进行指导。

（二）校企共同开展实习实训

2019年始，学校与企业经过相互了解，建立初步的合作意向，双方都认为随着国家推行"智能制造2025"，信息化与智能化将极大地促进企业和社会的发展，而学院的通信工程、机械设计制造及其自动化、机器人等专业，与企业的专业人才需求高度契合，为此双方决定展开合作。合作初期，校企共同开展专业认知实习，组织多个专业学生前往企业参观实习，在整个过程中，由企业派出多名工程师，介绍企业发展历程、业务范围和企业项目案例；参观企业实验室及组装车间；与工程师零距离交流，让学生深入了解项目运行流程和相关技术。

2020年，校企双方根据实际需求，进一步深化合作内容。在专业认知实习基础上，学校专门邀请企业视觉方面专家入校开展机械视觉方面讲座，学院近200名学生参加；组织2017级学生前往企业参加校外生产性实习，周期一年。在企业实习期间，根据学生实习岗位进行毕业设计（论文）的选题，在校企双方指导老师的指导下，实习学生均较好地完成了毕业设计（论文）。

2021年后随着双方合作的深入，校企双方共同投入资金和设备成立机器视觉人才培养实训室，培养学生的视觉相关专业知识和实践能力，共同推进产学研一体的人才培养模式的实施。

2022年起，经过实训室培养的同学陆续进入企业实习，原来在企业需要经过2个月培养培训环节，前移到在校期间完成，学生在入企后能够更快地适应企业的工作内容和环境，使得学生能够在较短的时间内成为一名合格的企业现场工程师。在企业生产性实习过程中，校企双方还不断根据企业和社会需求变化及时对课程进行调整，更强调培养学生专业技能和问题处理能力。

（三）企业捐赠设备共建校内人才培养实验室

由学院提供场地，厦门欣视博汇出资，投入软硬件设备、师资及课程、项目资源，校企共建校内"机器视觉实验室"。此次合作是在以往校企合作基础上进行了大胆的尝试与创新，将企业实训平台建在学校，有利于实践教学的开展，有利于校企共同实施案例化教学，有利于按照企业规范进行学生的工程化培训和项目训练，为学生实验实训和顶岗实习提供了良好的条件和环境。

（四）开展企业"订单班"合作

在校企基地协议基础上，校企双方进一步沟通合作，达成意向开展订单班合作。校企双方通过企业讲座的形式对学生进行行业讲座，介绍行业情况、企业发展情况，成立虚拟"订单班"，邀请感兴趣的同学们参加。虚拟"订单班"由校企双方共同管理，企业安排优秀的工程师入校与学校教师一起对学生进行专项培训，共同培养和考核订单班学生。

三、改革成效

1. 学生培养成果

通过校企协同育人模式，学生实践能力得到大幅提升，学生累计获省级以上学科竞赛奖62人次，国家级10人次，省级52人次；2019-2023年学生获国家奖学金1人次、国家励志奖学金5人次、"三好学生"荣誉称号6人次、"优秀学生干部"荣誉称号6人次、校奖学金2人次；以2022届机器人工程专业学生为例，获奖10项，参与度高达90%。

2. 师资培养成果

（1）学院鼓励教师进企业进行实践锻炼，为企业提供技术服务，同步提高教学科研能力。近三年以来依托共建实验室已申请省部级、市厅级课题4项，横向课题多项，其中到账经费达40余万元。

（2）基于欣视博汇的合作，目前教师与企业工程师共同出版教材《机器视觉》。

3. 专业建设成果

（1）在教育部学校规划建设发展中心指导下，学院携手企业，共同实施"互联网+中国制造2025"产教融合促进计划，共建"互联网+中国制造2025"产教融合创新基地（以下简称"基地"），开展产、学、研、创一体化深度校企合作，以期通过产教融合推动学校"智能制造专业群"建设，提升人才培养、科研创新、社会服务等方面的能力，助力学校高质量转型发展。

（2）在机器人视觉/机器视觉课程设置方面，学院与企业共同制定课程体系和教学计划，使课程内容更加贴近实际需求。通过引入企业实践课程和案例教学，可以增强学生对实际问题的解决能力。同时，学校根据企业需求调整课程结构，使课程内容更加符合行业发展趋势。

D人文学院

依据学校开展"3+1"应用型人才培养模式改革的统一部署，2019年以来，人文学院对标厦门"四个战略性新兴产业"建设需求，瞄准厦门12个千亿产业链中的文化创意产业群，重点发展影视、网络视听、文化旅游、创意设计、动漫游戏、艺术品、音乐等领域，为创建新时代中国影视中心、网络视听产业之城、时尚创意艺术之城输送优秀人才，联合火星时代科技有限公司、厦门麦莱卡实业有限公司、厦门哲象影业有限公司、保利剧院管理有限公司、厦门北北互娱文化传媒有限公司、厦门隆必达电子有限公司、敦豪全球货运（中国）有限公司厦门分公司、奥佳华集团、美图公司等多家地方颇具实力的公司开展了线下生产性实习合作，与广东惠州市星雅艺文化传播有限公司、晋江市罗山海丝文化艺术培训学校开展了线上虚拟实习合作，参与学生来自数字媒体艺术、音乐学等7个本科专业，共计927人，涉及课程包括产学合作协同育人项目——整合创新设计、综合材料、新媒体运营、影视制作、外贸单证实务、供应链管理、国际结算、艺术管理、舞台艺术指导等9门，学生专业知识、能力、团队协作的职业素养得到了显著的提升，并获得用人单位的高度认可。在实习期间，两位同学与知名运动品牌乔丹合作，为企业"项羽""国子监"两大儿童国潮品牌进行整体方案策划、商业拍摄、市场推广，许多学生获得在实习单位继续就业的机会。同时，学生还基于生产性实习，完成了毕业设计和设计说明，多项作品获得全国大学生艺术类创意大赛的好成绩。

校企双方在进一步开展校企合作方面基本达成共识，从合作模式、实践成效和特色经验入手探讨了"3+1校外生产性实习课程包"校企合作模式，以此有效推进产教深度融合和教育教学改革，实行工学结合、校企合作、顶岗实习的人才培养模式，在深化校企合作内涵方面取得了一定成果。学院"3+1"相关项目《校企合作模式助推应用技能型人才培养——以火星时代为例》获得福建省教育科学"十三五"规划2017年度专项课题立项；由此涌现出许多相关方面研究和校企合作的典型案例，如《基于社会需求分析的商务英语本科专业课程体系优化》《应用型高校"泛在整合"实习实训体系构建初探》《视觉传达设计人才培养模式的创新》《跨境电商背景下商务英语专业人才培养改革路径探讨》《商务英语复合型人才需求及培养模式探析——基于厦门自贸区商务英语人才需求的调查》。

D-1 数字媒体艺术专业与火星时代产教融合实践

一、项目简介

教育部、国家发展改革委、财政部提出地方普通本科高校向应用技术型高校转型发展，把培养应用型技术技能型人才作为办学定位，全面提高服务区域经济社会发展和创新驱动发展的能力。这必然推动办学思路、办学定位和办学模式的调整。为了解决高校产教融合以及校企合作模式单一现状、合作不深入等困惑，学院与火星时代公司开展了校企联合开发顶岗实训课程的教学改革，在校企合作模式、课程管理方面有效推进产教深度融合模式，建立完善体制机制、创新合作模式、深化合作内容，实行工学结合、校企合作、生产性实习的人才培养模式，在深化"3+1"校企合作内涵方面取得了一定成果。

在校外生产性实习过程中，通过审核把控企业资质、开展学生实训宣讲和实地参观、建立有效的实习管理制度、校企联合设定课程等流程，保障实习质量。

二、改革举措

（一）重视项目的选择和合作企业资质的审核与把控

对于设计专业的人才，虽然其就业的领域涵盖广告设计、多媒体设计、影视特效、UI设计、环境设计、三维建模等针对性十分强的就业岗位与领域，但是这些岗位哪些才是当年社会的人才需求量最大的，这需要专业的分析和把控；其次哪些企业具有符合学校需求的岗位移植条件，也需要校方严格审核，审核内容还涉及企业的行业导师资源、地理位置、管理经验、实习岗位环境和住宿条件等多方面的内容。

（二）校企双方共同制定课程标准，把握教学内容

在"华厦—火星时代"设计岗位实训课程推进过程中，学校必须在教学内容上进行严格审核，以保证企业的岗位课程内容能够符合校方的设计专业特点，在课程标准的制定、课程内容的把控上必须以学校为主导，企业作为方案的提供者。但同时，企业还需要发挥其行业优势资源的特点，调动相关资源来满足学校制定的实训课程内容。

（三）学校、企业和家长三方共同监管

该项目为了培养设计岗位所需的人才，将专业学生放置在校外的仿真工作环境中，如同企业上班一样每天打卡，有企业的工作任务。因此校外的校企合作实

训基地的管理必然比在校的管理面临更多挑战。该项目在推进时，首先以学校做为主体，对企业的岗位实训环境、课程内容、学生住宿进行监管；其次以企业为主体对学生的上课情况、住宿情况进行管理，并汇报校方；同时还引入家长的监管机制，并通过现代通讯手段保持对该项目情况的跟进和了解，并配合校方和企业加强在外实训的学生管理。

（四）引入企业导师进课程

该项目校企双方除了在大四联合开展校外生产性实习以外，在大学前三年也会不定期邀请企业导师进入校内课堂，引入企业项目案例，提高校内先期课程和行业的对接程度。例如，《动漫游戏造型设计》《动漫游戏场景设计》和《三维建模基础》等专业课程都引入了企业有经验的讲师参与教学。同学们评价企业导师授课经验丰富，对自己的项目制作有较大的启发，这种新的课程教学改革目前获得了同学们较高的认可度。

三、改革经验

（一）建立了校企双方参与的课程管理标准、教学评价机制和教学质量管理机制

如图 5-2-4 和图 5-2-5 所示，建立了校方主导下的校企合作模式中的三方监管机制和工作流程。建立网络信息平台，实现资源共享共通，三方对校企合作过程中风险的管控和应用起到一定作用。企业定期把学生成果发送到信息平台，老师通过平台实时跟进实训进度，把控实训质量，参与网络管理；企业方导师在平台上交流指导实训；学生家长通过平台全面了解学生在企业实训状况，有效地增进他们之间的信任感。信息相互融合成为校企家之间的联络纽带。

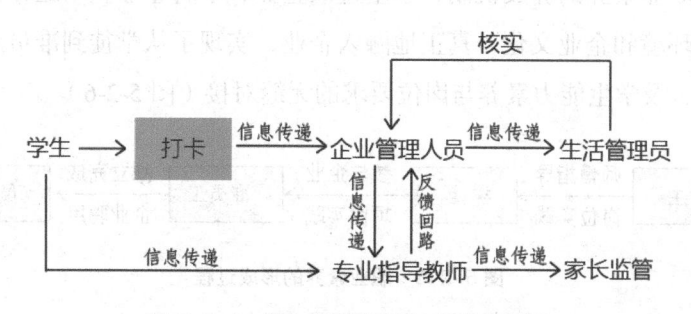

图 5-2-4 学生考勤管理的工作流程梳理

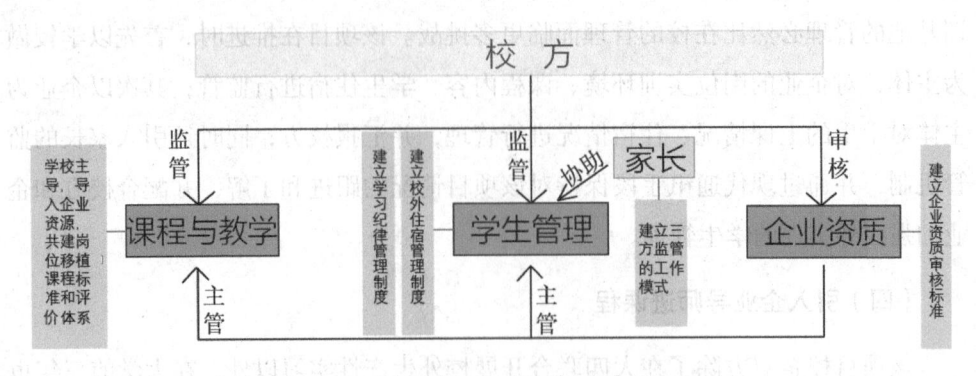

图 5-2-5　校方主导下的校企合作工作模式

（二）推动专业建设和教学改革

"3+1"应用型人才培养模式，课程体系突破传统课程局限，将原来的大四课程设为校外生产性实习项目，以学生为本、能力培养为目标，以市场为导向，重视教育培养工作过程为价值理念，将课堂理论与实践技能有机结合、灵活应用，学生从起初被动地接受知识到主动积极参加学习，顺利形成有效的应用型人才培养模式。

四、改革成效

（一）学生认可度高

在已经举办的两期"火星 UI 顶岗实训"课程中，参加的学生共计 92 名，他们的学习成效十分显著，学生的学习状态有很大的提升，学生对专业的认知度更清晰，许多学生对自己未来的规划有了比较明确的计划，对教师的教学水平十分认可。建立职业素养的养成机制，学生进入企业，了解企业整个运作流程，感受到企业运营环境和企业文化，真正地融入企业，实现了从学徒到准员工再到正式员工的转变，及学生能力素养与岗位要求的无缝对接（图 5-2-6）。

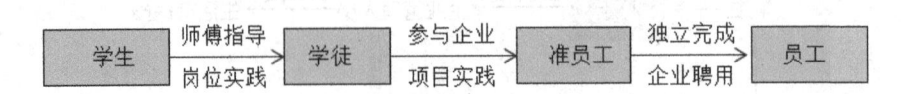

图 5-2-6　职业素养的形成过程

（二）培养的学生也更能适应行业企业的需求

对已经毕业的学生进行就业跟踪，可以发现就业对口率很高，就业薪资水平普遍有大幅度提升。第一期 50 名学生参加火星时代实践教学，直接被录用的优秀学生有 5 人，推荐到相关单位就业就有 28 人，解决了高校毕业生"就业难"、企业单位"用人难"的尴尬局面，促进了产教对接、工学结合，对于创新应用型人才的培养和服务区域经济有着实际性的意义。

（三）师生能力双提升

通过与企业导师的交流学习，专业教师可以更好地跟进行业发展，促进教学的设计和教学水平提升，使教学内容更加适应企业需求。在 2022 学年中，2020 级视觉传达设计专业联合火星时代教育开展了设计职场实训（二）——UI 设计实训专题，数字媒体艺术专业在《交互界面设计》和《数字合成》课程中也引入火星时代导师参与专业教学；在 2021 学年中，2019 级视觉传达设计专业联合火星时代教育开展设计职场实训（二）——插画专题训练课程，企业的导师通过案例深入浅出地讲解如何应用现代软件进行商业插画绘制，不仅让同学们带来了翔实的案例制作，也让同学们通过学习深切感受到插画世界的精彩。2019 级数字媒体艺术专业联合火星时代教育工场开展主题为"次世代模型制作"的专题实训项目，企业导师刘薇的团队通过案例向学生剖析商业制作中的次世代建模流程，让学生将本学期刚刚完成的三维建模与渲染课程，用实际的商业案例来巩固和提升学生的设计能力，真正地达到校企合作协同育人目的。

D-2 艺术共融实践启航
校企合作助力学生艺术教育与实践能力的提升

一、项目简介

教育教学改革旨在提高高等教育的教学质量，培养学生的创新精神和实践能力，以适应社会和经济发展的需要。校企合作是将理论知识与实践经验相结合，通过学校和企业之间的合作，提高学生的实践能力和就业竞争力。厦门华厦学院与厦门保利剧院管理有限公司自 2020 年起展开了深度的校企合作，并于 2021 年成立了保利实践基地。目标是加强和改进学校的美育工作，将高雅艺术进校园活动作为学校美育培养和塑造学生人文素养的重要手段，提高学生的审美能力和人文素质。

厦门保利剧院管理有限公司成立于 2014 年，是北京保利剧院管理有限公司的下属公司。该公司在 2015 年和 2022 年相继承接了厦门嘉庚剧院和闽南戏曲艺术中心的经营管理工作。作为一家文化央企，厦门保利剧院管理有限公司始终以繁荣厦门文化市场为己任，提升大众的艺术修养为目标，努力将厦门嘉庚剧院打造成"厦门文化标志、高雅艺术殿堂、市民教育园地、海峡文化"交流平台。

在这次教育教学改革中，学校通过引入校企合作的理念和方法，与厦门保利剧院管理有限公司展开了紧密合作。这种合作关系使得学校和企业实现了互利共赢，为学生的综合素质和实践能力提升提供了良好的平台，同时也为企业提供了优秀的人才资源，推动了企业的发展。因此，加强本科高校教育教学改革与校企合作的联系和合作至关重要。

二、改革举措

（一）校企联动，促进课程共建

通过校企联动，将行业最新的技术和发展趋势融入课程内容中，以确保课程的实用性和前瞻性。同时，企业还能提供实践机会和实习岗位，让学生更好地理解和应用所学知识，提高他们的实践能力和综合素质。

截至目前，本项目已成功助力艺术鉴赏类课程建设共 14 门。艺术类课程注重培养学生的合作精神和团队能力，学生需要在合唱、合奏、舞台表演等活动中与他人合作、交流和互动。通过这些合作实践，学生能够培养自己的合作精神和团队能力，提高综合素质。本项目注重学生的情感体验、创造力和实践能力的培养，以及合作精神和团队能力的提高，践行了"润物无声，育人无形"的理念。这些能力的培养不仅有助于学生个人的发展，也对社会的文化发展和繁荣起到积极的推动作用。

同时，本项目还成功地邀请艺术家来校开展讲座，讲座内容包括剧目介绍、音乐技巧和演出等。这些讲座活动为学生提供了与专业人士交流的机会，使得他们能够更深入地了解行业动态和专业技能要求。

（二）师资共享，齐头并进

1.提高教学水平和专业素养

通过邀请剧院的演员和导演到校进行教学和培训，分享专业知识和经验。同时，高校的师资力量也可以为剧院提供更多的人才支持和技术支持。通过优化教师资源配置，可以提高教育和培训的质量。

此外，嘉庚剧院与本校教师团队还制定了惠民讲座方案，定期到社区开展艺术普及类讲座活动。这个公益性文化惠民活动由集美区委宣传部、北京保利剧院管理有限公司指导、区文学艺术界联合会主办，厦门保利剧院管理有限公司承办。每个课程组每学年各开展一次社区艺术主题讲座，让艺术走进普通百姓家庭，与大众分享艺术之美。通过开展社区艺术普及讲座活动，提高社区居民的知识水平和生活质量，加强高校与社区之间的联系和合作。

2.促进文化传承和发展

闽南戏曲艺术中心是厦门市为闽南戏曲艺术发展量身定制的展演、展示和创作生产平台，由厦门保利剧院管理有限公司进行营销管理。该中心拥有专门的戏曲剧场和各种研习用房，为戏曲艺术家提供了良好的创作和表演环境。这有助于提高闽南戏曲的艺术水平和演出质量，吸引更多的观众。通过与闽南戏曲艺术中心的合作，包括演出、导览、讲座、艺术实践等活动，可以将闽南戏曲知识普及给更多的高校学生群体，让他们了解和欣赏这门古老的艺术。同时，该中心还将开展对闽南戏曲的传承工作，培养新一代的戏曲人才。剧院作为文化艺术的重要承载者，通过与本项目的合作，可以将更多的文化遗产和文化精髓传承下去。而高校作为文化传承和创新的重要基地，通过与剧院的合作，可以将更多的文化元素和文化成果融入教学中，促进文化的创新和发展。

剧院与高校之间的师资共享合作是一种双赢的合作模式。通过共享教师资源，可以提高教育和培训的质量，促进文化传承和发展，并为社会提供更多的文化服务，推动产业发展和经济增长。

（三）设立专项实习岗位，促进学生就业

通过多次调研保利剧院对音乐学专业人才的需求，了解其对人才的知识、能力和素质要求，学校以此为依据制定相应的培养目标。在课程设置中，将保利剧

院对音乐学专业人才的具体技能需求纳入考量范围，优化课程内容，提高教学质量。同时，深入了解保利剧院的实践模式和经验，并将其纳入实践教学环节中，让学生通过实践学习掌握实际工作技能，提高实践能力和经验。通过与保利剧院的合作，了解其对音乐学专业人才的职业规划和发展建议，并将这些建议纳入就业指导和职业规划中，帮助学生制定合理的职业发展方向。

通过多方的调研和合作，本项目能更好地了解和掌握保利剧院对艺术教育专业人才的需求和要求，并以此为依据制定合理的人才培养方案，提高教学质量和学生的就业竞争力。同时，通过与保利剧院的合作，建立良好的实践教学基地和人才输送机制，为学生的职业发展提供更多机会和支持。

自签署实践基地以来，保利剧院与学校合作开展了宣讲会、模拟面试及专项实习生招募活动，鼓励学生参加剧院的暑期实习和管培实习项目，以解决毕业生就业问题。截至2022年共有7名毕业生参与了剧院的实践工作，共参与了20项项目。

通过在保利剧院的实习，学生获得了更多的实践经验和技能，提高了自己的竞争力。同时，学生也能更好地了解自己的兴趣和优势，为未来的职业发展做好准备，提高自己的竞争力和就业机会。在未来的求职过程中，具有实习经验的学生往往更受企事业单位青睐，因为他们已经具备了一定的实践能力和工作经验。

（四）深化产学研协同育人合作

本项目旨在创建高校文艺展示及交流平台，打造展示大学生最新文化思想和艺术创意的焦点场所，成为厦门地区大学城的重要文化艺术基地，为大学师生和周边居民提供服务。

2022年10月，本项目成功举办了"'翩跹'赴热爱2019级艺术教育班舞蹈专场毕业晚会"，使得高校学生有机会登上更高水平的舞台，展示他们的毕业作品。此举进一步加强了与校企合作基地的艺术文化交流。

与保利剧院合作创建实践展演基地，为学生提供更广阔的实践和展示舞台。本项目多次组织师生将课堂搬到剧院现场，参加经典音乐会、精品展演、重点剧目演出、专题展览、系列讲座、志愿者讲解等活动，感受舞台艺术与经典剧目，聆听大师的指导，提升艺术素养，体验艺术魅力。通过这种方式，践行了"润物无声，育人无形"的理念，引导学生弘扬优秀民族文化，提高艺术文化修养，共同促进全面发展。

与此同时，本项目还积极促进与保利剧院的合作，开展艺术研究项目，共同探索艺术学、文化学、社会学等领域的理论与实践问题。通过此次合作，能够提高艺术学科的理论水平，推动艺术研究的深入发展。

三、改革成效

通过校企合作搭建产学研协同育人项目，能够提供更加真实的实践环境，让学生更好地掌握相关知识和技能。传统音乐教育中，学生通常只能在课堂上学习理论知识，无法将其应用到实际工作中。而通过与企业的合作，学生可以在真实的实践环境中接触到实际的工作任务和实践操作，更好地理解和掌握所学的知识和技能。

其次，促进了艺术学科的发展和优化。艺术学科是一门实践性很强的学科，需要不断与行业接轨，更新教学内容和方式。通过与企业开展调研，可以更好地了解艺术行业的需求和发展趋势，及时调整和优化专业设置和课程安排，使音乐教育更加符合行业需求。同时，通过与企业的合作，还可以引进优秀的行业人才参与教学和研究，提高教学质量和水平。

另外，校企合作还能促进人才的输送和培养。通过校企合作，为学生提供更多的就业机会和资源，同时企业也可以选拔和录用优秀的学生，为自身的发展提供人才保障。这种合作模式能够为毕业生提供更多的就业选择和发展机会，同时也提高了企业的竞争力。

最后，校企合作还能促进艺术产业的发展和文化传承。通过校企合作，高校和企业可以共同探索艺术产业的发展趋势和方向，推动艺术创新和实践的发展。同时，通过与企业的合作，高校还可以更好地传承和弘扬中华优秀传统文化，促进文化的传承和发展。这种合作模式为艺术产业的发展提供了更多的创新思路和实践支持，同时也为文化的传承和发展作出积极的贡献。

总体而言，校企合作的改革举措取得了显著的成效。校企合作提供了更加真实的实践环境，让学生更好地掌握相关知识和技能。同时，这种合作模式促进了艺术学科的发展和优化，促进了人才的输送和培养，也推动了艺术产业的发展和文化的传承。这一系列成效得到了校内外的积极评价，为福建省本科高校教育教学改革树立了较好的示范作用。

附 录

附录1 厦门华厦学院"3+1"应用型人才培养模式改革项目实施方案

为贯彻落实《教育部关于加强和规范普通本科高校实习管理工作的意见》(教高函〔2019〕12号)文件精神,适应厦门市产业转型升级和经济社会发展对应用型人才的需求,切实提升我校毕业生应用实践及就业能力,根据《厦门华厦学院实习工作管理办法》(华厦政字〔2016〕142号)、《关于进一步规范专业生产性实习环节的通知》(华厦教务〔2019〕22号),制定此方案。

一、总体要求

(一)本方案所述"3+1"应用型人才培养模式改革(以下简称"3+1")是指全日制本科生在4年制本科教学中,前3年在校开展专业基本知识、基本理论的学习和基本能力训练,最后1年在行业企业完成校外生产性实习和毕业实习。鼓励符合条件的学生积极参加。

(二)"3+1"的实习内容、方式与场所必须符合《厦门华厦学院实习工作管理办法》要求。

(三)开展集中实习的企业原则上应为行内知名企业、规模以上企业或事业单位,优先选择厦门市"三高"企业。

二、实习内容

学生在"3+1"实习阶段兼具学生和企事业单位准员工身份,开展跟岗、顶岗实习的同时应完成必要的学习任务和毕业设计(论文),主要内容如图1所示。

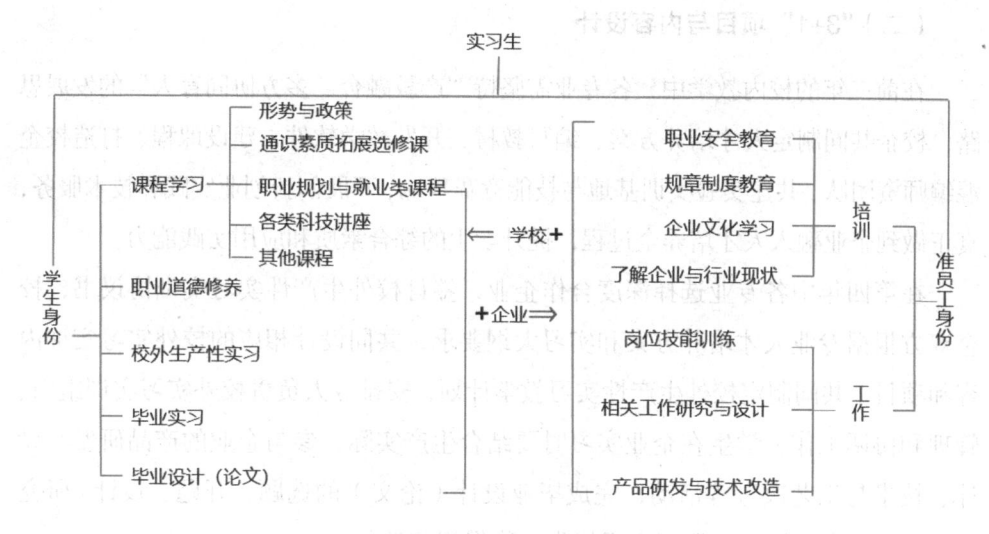

图1 厦门华厦学院"3+1"实习阶段主要内容

（一）课程学习：实习期间应通过自主学习、在线课程、集中与分散辅导、培训及跟岗学习等方式完成形势与政策、通识素质拓展选修课、职业规划与就业类课程、各类科技讲座及其他未修满学分的课程的学习。

（二）职业道德修养：通过跟岗、顶岗实习与自主学习加强职业道德修养。

（三）校外生产性实习和毕业实习：主要以跟岗、顶岗实习方式完成。

（四）毕业设计（论文）：从实习中凝练课题，真题真做。

（五）企业培训：以准员工身份参与单位组织的各类培训，掌握职业安全知识以及企业和行业相关规章制度，学习实习单位文化，了解企业与行业现状。

（六）工作：以学习和掌握专业操作技能为主要目的，通过跟岗和顶岗实习的方式，参与实际工作。

三、工作安排

（一）校外实习基地建设

由各二级学院牵头对接一批行内知名企业、规模以上企业或事业单位作为学生集中实习基地，并签订实习基地建设协议。实习基地应能向学生提供实质性的工作岗位和尽可能多的轮岗实习机会（岗位数≥4个），确保学生能够保质保量、按时完成综合实习任务。

（二）"3+1"项目与内容设计

在前三年的校内教学中，各专业需坚持"产教融合、多方协同育人"的发展思路，校企共同制定人才培养方案、编写教材、开发教学软件、建设课程、打造校企混编师资团队、共建实验实训基地与技能竞赛基地、开展创新创业实践和技术服务，真正做到企业融入人才培养全过程，提升学生的综合素质和应用实践能力。

在第四年中各专业选择深度合作企业，签订校外生产性实习实训协议书，校企双方根据专业人才培养方案和实习大纲要求，共同设计相应的校外实习实训内容和项目，共同制定校外生产性实习教学计划，安排专人负责校外实习实训组织、管理和协调工作。学生在企业实习时要结合生产实际，参与企业的产品研发、设计、技术与工艺改进等活动，完成毕业设计（论文）的选题、开题、设计/研究工作，填写实习周记、撰写实习报告，取得相应学分。

（三）实习管理

所有实习专业均配备思政导师、企业导师和专业导师，其中思政导师和专业导师从学校教师及辅导员队伍遴选，企业导师从实习单位遴选。

思政导师负责做好学生管理、品德教育工作，对学生思想政治工作进行全面管理、全程跟踪，包括巡查、思想教育、安全管理，及时掌握学生在企业实践教学单位的相关信息。

企业导师负责指导学生实践教学，根据学生实践教学项目的内容，有针对性地讲授工艺流程、研发设计、技术革新等知识，每月为学生集中授课至少1次。

专业导师全程跟踪学生实习情况，负责实习学生的全面管理；与企业导师共同制订教学计划和教学内容，配合企业导师做好教学组织和管理工作。

参与实习的学生，应签订《厦门华厦学院学生外出实习安全协议书》（需学生及家长签字确认）。在各实习单位中，选拔有一定组织能力的学生任实习组长，协助导师全面负责本组学生的日常管理工作；并按照学校有关要求，结合企业实际，建立健全实习学生的党组织和团组织，充分发挥党、团组织的先进作用。提倡跨学科、跨专业组建学生实习团队。

（四）实习考核

1.实习时间要求：非特殊情况下，学生应在企事业单位参加实习1年，并拟定毕业设计（论文）题目经所在院系审核通过。

2. 实习综合成绩由实习单位指导教师和校内指导教师共同评定，权重各占50%；实习综合成绩按优秀（90分以上）、良好（80-89分）、中等（70-79分）、及格（60-69分）、不及格（60分以下）5级分级评定。

3. 凡实习中出现严重违反纪律的行为，无故缺勤达总实习天数1/3以上者，或病事假天数超过实习总天数1/3以上者，视为平时成绩不及格，实习成绩以不及格计。

四、保障措施

（一）组织保障

1. 成立以校长和党委书记为组长的领导小组，负责统筹协调"3+1"工作，制定年度工作总体方案，做好制度保障和经费保障工作。

2. 成立以二级学院为单位的工作小组。组长由二级学院常务副院长担任，副组长由党总支书记担任，成员包含二级学院副院长、系主任、专业负责人、相关教师、辅导员等。工作小组负责本学院"3+1"工作，负责校外实习基地建设，制定本学院年度工作方案并做好实施和管理工作。

（二）经费保障

学校为鼓励各个专业持续推进"3+1"应用型人才培养模式改革工作，对执行该项目的专业进行校级教育教学改革项目立项支持，根据各专业参加"3+1"应用型人才培养模式改革的学生数，按1000元/生标准配套项目建设经费，用于各专业该项改革工作的管理、研究和新模式的探索。

五、本方案从本学期开始实施，原有相关规定中与本方案不一致的，参照本方案执行。

附录2 厦门华厦学院本科课程建设通用质量标准

一、适用范围

本标准适用于厦门华厦学院本科课程（含通识类课程、专业类课程）的建设与评估。

二、总体原则

（一）厦门华厦学院以促进学生知识、能力、素质协调发展为基本要求，旨在培养德智体美劳全面发展，理论知识扎实、实践能力突出，具有创新精神、数字素养、国际视野及可持续发展能力的高素质应用型人才。

（二）学校、教学单位与课程团队应鼓励教师以本标准为基准，通过设立课程补充标准，提高教学品质。

三、与其他文件关系

（一）本文件主要给出课程建设的通用质量标准与教学规定。

（二）课程教学标准请参照《厦门华厦学院本科教学工作规程（试行）》。

（三）课程考核标准请参照《厦门华厦学院课程考核管理规定（试行）》。

（四）课程档案规范请参照《厦门华厦学院课程档案整理及规范要求》。

（五）课程考核档案规范请参照《厦门华厦学院试卷档案整理及规范要求》。

四、质量标准

厦门华厦学院课程建设质量标准包含以下5个方面。

（一）课程目标

课程教学应支持毕业要求达成，促进学生知识、能力、素质协调发展。

课程目标符合学校办学定位和人才培养目标，注重学生知识、能力、素质等方面综合发展。

课程目标均应支持专业毕业要求达成。

（二）教学内容与策略

支持课程目标达成，为学生创设有效的教学情境。

课程教学内容与课程目标应当相对应，深度广度要适当，能够反映相关学科领域最新发展。

课程知识点要清楚，且知识点之间具有清晰的逻辑结构。

课程从学科认知规律出发，在教学过程中能够不断激发学生的学习兴趣，挖掘学生学习潜能，培养学生主体意识，有效达成教学目标。

（三）成绩评定与反馈

关注学生学习成效，促进学生有效学习。

课程成绩评定能够持续有效地促进学生学习，检测学生对知识的掌握程度，以及综合运用所学知识分析、解决问题的能力。

对计入成绩的考核，应保证考核结果的科学性和公正性，特别应确保有多个教学班的同一门课程评分的一致性。

应加强课程的过程性考核，通过设置适合的考核项目使学生在整个学期中都不断努力学习，而不仅仅依靠期末突击通过考试。

应根据相关教学规定及时将考核成绩反馈给学生，从而帮助学生更好地学习。

（四）学习成果

达成教学目标，为学生创造有意义的学习经历。

要针对教学目标实施教学过程，使课程在价值塑造、人格养成、能力培养和知识探究4个维度上，为学生成长与发展带来积极而深远的影响。

课程要对学生学习成果有明确的评价方法，相关证明材料及其分析能够清晰反映学生的课程学习成果，且这些学习成果与教学目标相对应。

（五）教学资源与学习支持

帮助尽量多学生达成教学目标。

课程要为学生提供丰富且有效的课外学习资源，并指导学生如何高效获取并使用学习资源。要为学生的学习提供足够的支持与指导，包括学习方法指导、课程答疑等。要能够及时发现学习困难的学生，帮助他们度过困难期并顺利完成课程学习。要注重收集学生学习相关数据，开展关于课程学习的研究，通过总结反思不断改进教学。

五、本科课程教学规定

本科课程原则上均应遵守以下规定，若课程有特殊需要无法遵守这些规定时，应在开课前提出申请，经教学单位批准且报教务处备案后方可施行。在课程评估中，课程团队应提供证据说明课程做法能够促进学生有效学习，并帮助学生获得较好的学习体验和学习成果，课程评估专家组据此给出评价结果。

（一）课程教学大纲

所有课程均应在第一次上课之前将课程教学大纲交到所在教学单位，经教学单位审核批准。

（二）教学要求

课程应该通过课程设计与考核，保证学生课内外学习时间在1∶1到1∶2之间。

（三）成绩评定

课程成绩评定标准应参照《厦门华厦学院课程考核管理规定（试行）》制订。

厦门华厦学院本科课程评估指导意见

一、厦门华厦学院本科课程评估原则

（一）本科课程评估是厦门华厦学院本科课程质量保障体系的重要组成部分。学校通过课程评估、结果反馈与改进成效评价，形成持续改进的课程教学质量保障体系。

（二）厦门华厦学院本科课程评估将"以学生学习与发展为中心"的教育理念作为总体原则，着力提高教学品质，有效促进学生学习与发展。

（三）厦门华厦学院本科课程评估重点是评价课程是否为学生提供了有效的学习环境和有意义的学习经历。

二、厦门华厦学院本科课程评估的主要目标

通过课程评估要达成两个方面的目标，一方面是保证所有课程达到厦门华厦学院本科课程最低质量标准；另一方面是在厦门华厦学院挖掘具有较高质量水平的教学实践并对其进行表彰和推广，从而引导所有教师提升教学能力。

三、厦门华厦学院本科课程评估范围

厦门华厦学院本科课程评估包括以下2类课程类型。

（一）通识类课程

通识类课程是指旨在拓宽基础、强化素质、培养通识的跨学科基础教学课程。

（二）专业类课程

专业类课程是指根据培养目标开设的专业知识和专门技能的课程，是与学生所学专业最密切相关的课程。专业类课程包括专业必修课和专业选修课。

具体评估标准请参照《厦门华厦学院本科课程建设通用质量标准》。

四、厦门华厦学院本科课程评估方式

厦门华厦学院本科课程评估以专家组方式开展，专家组通过各教学单位提交的课程材料，结合自己实际收集的课程质量信息，根据评价指标体系对课程进行综合评价。课程评价主要采用但不限于如下形式开展。

（一）课程负责人提交课程数据材料。

（二）审阅教师提交的数据材料。

（三）课堂教学观摩。

（四）教师、学生、校友、企业代表座谈、访谈、问卷调查。

（五）审阅课程档案、试卷档案。

（六）学生课程体验调查。

五、厦门华厦学院本科课程评估类型

厦门华厦学院本科课程评估分为两种类型。

（一）初评课程：首次被抽取评估的课程。

（二）复评课程：对上一轮评估等级排名后10%的课程，按照程序，针对评估结果中的弱项开展复评。

六、厦门华厦学院本科课程评估机构

（一）教学质量监控办公室主导课程的校级评估。

（二）各教学单位可根据本单位实际情况，通过专业教学指导委员会、院（部）级督导组等机构，开展课程的院级评估。

七、校级课程评估责任主体

（一）厦门华厦学院以4年为一个周期，对全校所有本科课程开展校级评估（实施过程请参见《厦门华厦学院本科课程评估实施方案》），教学质量监控办公室负责对评估结果的解释。

（二）课程负责人对课程评估材料的真实性负责。

（三）教学单位负责本单位课程校级评估的组织与改进工作。

厦门华厦学院本科课程评估实施方案

为进一步提高学校本科课程建设水平，确保课程教学质量，建立完善的校内课程评估制度，结合学校实际情况，制订本方案。

一、总体原则

课程评估应在遵循高等教育教学规律和学生成长成才规律的基础上，坚持"以学生学习与发展为中心"的理念，以课程体系和教学内容、教学方法和手段改革为核心，以培养学生核心能力和实现学生学习支持为目标，提高学生学习成效，确保课程建设水平和教学质量。

二、适用范围

本办法适用于厦门华厦学院本科生课程。

三、与其他文件关系

（一）本方案是以《厦门华厦学院本科课程评估指导意见》为依据和指导，对校内本科课程评估在实施层面的具体说明。

（二）课程评估标准请参照《厦门华厦学院本科课程建设通用质量标准》。

（三）评估的指标体系请参照《厦门华厦学院本科课程评估指标》。

四、评估机构

（一）教学质量监控办公室主导课程的校级评估过程，并负责评估结果的发布和解释。

（二）教学质量监控办公室负责学校本科课程评估工作的具体实施。由专家组开展对全校本科课程的抽评工作。

（三）各教学单位应根据本单位实际情况，通过专业教学指导委员会、院（部）级督导组等机构，开展课程的院级评估。

五、校级课程评估实施过程

课程评估过程及时间节点如下。

（一）成立课程评估组：第2周

1. 教学质量监控办公室组织并确定本学期参加课程评估的专家组成员。

2. 各教学单位报送本单位课程评估秘书，负责本单位与教学质量监控办公室评估工作的衔接与沟通。

（二）确定评估课程：第3周

1. 根据教学质量监控办公室课程评估工作总体安排，对各教学单位所属课程实行4年一轮（培养计划一个完整周期）的全覆盖评估。

2. 教学质量监控办公室依据不同的课程类别（通识类课程、专业类课程），按每个开课教学单位分年级抽取比例约为12.5%的课程，开展课程初评。具有同一课程代码的不同教学班应该同时进行评估。原则上所有课程只开展一次初评，即本轮评估周期内已经抽评课程不再进入抽取候选名单。

3.对上一轮评估结果排名后10%的课程，按照评估程序进行复评，并根据上一轮评估情况，针对弱项开展评估。

4.对本学期拟开展初评与复评的课程名单在教务处网站公示，同时以邮件形式通知课程所在教学单位教学负责人和课程评估秘书。各教学单位应尽快通知课程教师做好评估准备。

（三）专家开展课程评估信息收集工作：本学期第5周到下学期第1周

1.各课程评估组在组长组织协调下，商定组内的评估方式，同时确定每位专家负责评估的课程。

2.课程评估信息收集工作可采用但不限于如下形式开展。

（1）课程负责人提交课程数据材料；

（2）审阅教师提交数据材料；

（3）教学现场观摩；

（4）访谈课程负责人；

（5）访谈教师；

（6）学生座谈或访谈；

（7）毕业生座谈或访谈，走访用人企业；

（8）审阅课程档案和试卷档案；

（9）学生课程体验调查。

3.各位专家根据课程特点，安排个人考察计划，收集课程评估相关信息。在课程评估过程中，专家需要调阅课程档案和试卷档案等材料，或者需要组织学生进行访谈座谈的，均可以向课程评估秘书提出要求，相关教学单位应予以支持配合。

（四）课程评估与结果反馈：下学期第2周

1.教学质量监控办公室课程评估组结合在课程教学过程中收集的课程评估相关信息对课程开展评估。

2.针对初评课程，评估过程及结果如下。

（1）教学质量监控办公室课程评估组对每门初评课程给出初评结果。评级结果共分4个等级：优秀、良好、合格、待改进。

（2）课程评估组根据本课程评估结果，将抽评课程排名后10%的课程作为"待改进"课程，提交教学质量监控办公室审议。

（3）教学质量监控办公室以会议形式对列入"待改进"的课程进行重点审议，同时对"待改进"课程教学中存在的问题进行讨论，确定最终评级。

（4）从抽评课程里评选不超过10%的课程为年度优秀课程。

3. 教学质量监控办公室以课程评估报告形式向各教学单位、课程负责人和授课教师反馈课程评估结果。

4. 针对复评课程，评估过程及结果如下。

（1）教学质量监控办公室课程评估组对每门复评课程的持续改进情况进行评估，评估的主要依据是初评时评估组反馈的改进建议，主要考察课程是否建立了持续改进机制以解决课程存在的问题。

（2）复评结果分为三个等级：显著改进、部分改进、无改进。

（3）对于"部分改进"的课程，在下一轮课程评估中继续复评；对于"无改进"的课程向教学单位下发整改通知。

五、评估结果的应用

（一）本科课程质量保障情况（过程和结果）等全部记录并存档。

（二）课程评估结果将作为学校对各教学单位年度本科教学工作考核的重要指标之一。

（三）每年将对本年度两个学期评选的优秀课程进行表彰，授予"厦门华厦学院年度优秀课程"称号。

（四）对评估为优秀的课程，课程组成员在进修学习、职称评聘及教研教改项目申报中，在同等条件下给予优先支持。

厦门华厦学院本科课程评估指标

教学单位：_____ 课程代码：_____

课程名称：_____ 完成日期：_____

课程类型：□通识必修课 □通识选修课 □专业必修课 □专业选修课

一级指标	二级指标	主要观测点	评分依据	得分
1 教师队伍 25分（注1）	1-1 课程负责人/主讲教师（15分）	师德师风（5分）	课程负责人或主讲教师近四年内获评市级及以上先进教师或上一学年校内师德师风考核优秀得5分；考核合格得3分；考核不合格或受到来自政府机关的处分不得分	
		主讲教师学术水平（2分）	近四年在二类以上刊物人均发表1篇学术论文得1分，2篇及以上得2分；发表顶级刊物1篇得2分	
		主讲教师教学能力（8分）	近四年内主讲教师主持的教改项目获国家级立项得4分；教改项目获省级重大立项或结题优秀得3分；获省级一般立项得2分；获校级重大立项2分，获校级一般立项或自发开展教学改革活动得1分	
1 教师队伍 25分（注1）	1-1 课程负责人/主讲教师（15分）	主讲教师教学能力（8分）	近四年内主讲教师获省级教学成果一等奖1项及以上得4分；获省级教学成果奖或在一类以上刊物发表教改教研论文得3分；在省级及以上教学竞赛获奖得3分；获校级教学成果奖或在二类以上刊物发表教改教研论文得2分；校级及以上教学竞赛获奖得2分；在四类以上刊物发表教改教研论文得1分（刊物分类详见《厦门华厦学院教师等专业技术职务聘任制实施办法（2020年修订版）》）	
	1-2 教学队伍结构及整体素质（10分）	学历、职称及年龄结构与梯队建设（5分）	有博士或正高级职称教师得5分；"年龄跨度≥30"或"硕士学位教师≥70%"或有副高级职称教师得3分；"年龄跨度≥20"或"硕士学位教师≥50%"或"中级职称教师≥50%"得1分；其他不得分	
		中青年教师的培养计划（5分）	为青年教师配备导师，近四年内中青年教师年均参加培训进修2次以上得5分；为青年教师配备导师，近四年内中青年教师年均参加培训进修1次以上得3分；为青年教师配备导师得1分；其他不得分	

续表

一级指标	二级指标	主要观测点	评分依据	得分
2 教学基础 20分（注2）	2-1 课程思政建设（5分）	课程思政建设情况（5分）	国家级课程思政示范课程得5分；省级课程思政示范课程得4分；校级课程思政示范课程得3分；课程融入课程思政元素得2分	
	2-2 教材（5分）	教材建设与选用（5分）	参加该课程国家级规划教材编写得5分；选用省级以上规划教材或国外引进的优秀教材得4分；选用近三年出版教材或自编教材得3分；采用自编讲义得2分	
	2-3 网络平台建课（5分）	课程网站教学资源（5分）	课程网站有教学大纲、全套课件或讲稿得3分；有教案、实验指导、习题、案例库、讲座库、素材资料库、参考文献目录等学习资源每项1分；该项最高得5分	
2 教学基础 20分（注2）	2-4 实践教学条件（5分）	实践教学环境（2分）	近三年内实践教学场所稳定，设施设备满足教学要求，得2分。（专家评分）	
		实践教学设置（3分）	基本条件：近一学年内实验开出率≥90%。近一学年内综合性、设计性实验≥30%得3分；综合性、设计性实验≥25%得2分；综合性、设计性实验≥15%得1分。近一学年内实验开出率达100%，在原有基础上加1分	
3 教学管理 15分	3-1 教学档案（8分）	教学档案完整性与规范性	试卷档案与课程档案完整规范，无缺失与错误得8分；每缺失一件材料（目录中所列大件材料）扣4分，发现一处错误扣0.5分。（由督导组检查）	
	3-2 管理规范性（7分）	教学事故	近一学年内，本课程教学和考试过程中无教学事故得7分；由课程组教师造成重大事故的不得分；一般事故每件扣3.5分	

续表

一级指标	二级指标	主要观测点	评分依据	得分
4 教学效果 40分	4-1 课堂质量（10分）	学业合格率（10分）	近一学年考试成绩分布合理，末考卷面成绩不及格率≤10%，得10分； 考试成绩分布合理，10%＜末考卷面成绩不及格率≤20%，得8分； 考试成绩分布合理，20%＜末考卷面成绩不及格率≤30%，得6分； 考试成绩分布合理，30%＜末考卷面成绩不及格率≤40%，得4分； 考试成绩分布合理40%＜末考卷面成绩不及格率≤50%，得2分； 考试成绩分布合理，末考卷面成绩不及格率≥50%，不得分	
	4-2 同行评价（20分）	专家评价（20分）	专家评分	
	4-3 学生评价（10分）	学生评价（10分）	近一年该门课程学生评价得分≥90分得10分；得分≥85分得6分；得分≥80分得2分；得分＜80分不得分	
5 特色项目（加分项10分）	5-1 一流课程建设（5分）	一流课程建设情况	国家级一流课程得5分；省级一流课程得3分	
	5-2 其他类型课程建设（3分）	其他类型课程建设情况	省级以上认定课程得3分；校级认定课程得2分。（如精品在线开放课程、MOOC、SPOC等课程）	
	5-3 校级示范课建设（2分）	校级示范课建设情况	近四年在学院层面开展教学示范课得2分	

注：1. 该课程任课教师数少于3人时，"1-2 教学队伍结构及整体素质"不考察，"1-1 课程负责人/主讲教师"指标中"主讲教师学术水平""主讲教师教学能力"按200%比例计分。

2. 纯理论课不考察"2-4 实践教学条件""2-1 课程思政建设""2-3 网络平台建课"指标按150%比例计分。

3. 除"1 教师队伍"外，其他所有指标中所列成果必须为该课程唯一，即同一成果不得用于多门课程评估，且获奖成果仅供排名第一的项目成员使用。

附录3　厦门华厦学院本科实习实践教学通用质量标准

一、适用范围

本标准适用于厦门华厦学院本科实习实践课程的建设与评估，包括教学计划规定的认知实习、生产实习、毕业实习等实践性教学环节，不包括实验教学、毕业设计（论文）。

二、与其他文件关系

（一）本文件主要给出本科实习实践课程的质量标准与教学规定。

（二）本科实习课程教学标准请参照《厦门华厦学院实习工作管理办法》《厦门华厦学院关于进一步规范校外生产实习环节的通知》《厦门华厦学院"3+1"应用型人才培养模式改革实施办法》。

（三）本科实习档案规范请参照《厦门华厦学院"3+1"应用型人才培养模式改革实施办法》《厦门华厦学院关于进一步完善毕业实习档案材料的通知》。

三、质量标准

厦门华厦学院实习课程质量标准包含以下5个方面。

（一）教学目标

实习课程教学目标要能够支持专业培养目标和毕业要求达成。

实习课程教学目标应涵盖知识、能力、素养等多个维度，促进学生综合素质的提升。

（二）教学内容与教学策略

实习课程教学内容与教学目标要相对应，支持教学目标达成，实习大纲内容完整、详细、清晰。

实习课程教学计划和实施方案要具体清晰，建立明确的实习纪律并严格执行。

实习课程教学应当尊重学科认知规律和学生实际学情，能够不断激发学生学习兴趣和学习潜力，有效达成教学目标。

（三）成绩评定与反馈

考核环节与教学目标要相对应，要能够支持教学目标达成。

成绩评定应包含多个考核项目，各项目设置以及所占比重要合理，能有效评价学生在教学目标上的达成度。

对计入成绩的考核，应保证考核结果的科学和公正性，特别应确保同一课程代码下多个实习小组评分标准的一致性。

对学生在实习课程中的表现应进行及时且充分的反馈，以帮助学生不断改进学习。

（四）学习成果

针对实习课程目标，学生经过实习教学过程后，在知识、技能、能力和素质等各方面的收获和提高程度应能达到教学大纲要求的水平，为学生的成长与发展带来积极的影响，这种影响在实习结束后能在学生学习和生活中发挥持续的积极作用，为学生进入不同社会群体或工作领域做准备。

（五）教学资源与学习支持

1. 课程能够为学生提供丰富且有效的实习资源，并指导学生高效获取和使用学习资源。

2. 为学生的实习提供足够支持与指导，包括实习方法指导等。

3. 能够及时发现学习困难的学生，帮助他们度过困难期并顺利完成实习。

4. 注重收集学生学习相关数据，开展关于实习课程学习的研究，通过总结反思不断改进教学。

四、实习课程教学规定

实习课程原则上均应遵守以下规定，若课程有特殊需要无法遵守时，应在开课前提出申请，经教学单位批准且报教务处备案后方可施行。在实习课程评估中，课程团队应提供证据说明课程做法能够促进学生有效学习，并帮助学生获得较好的学习体验和学习成果，实习课程评估专家组据此给出评价结果。

(一) 实习课程教学计划

所有实习课程均应在第一节课前将实习大纲、实习教学计划表交到所在教学单位，经教学单位审核批准。

(二) 教学要求

认知实习课程每位指导教师指导学生数不超过班级人数，生产性实习、毕业实习课程每位教师指导学生数不超过 30 人。

(三) 成绩评定

实习课程成绩评定标准应参照《厦门华厦学院实习工作管理办法》制订。

厦门华厦学院本科实习实践评估实施方案

为进一步推进实习实践评估工作，建立完善的校内实习实践评估制度，提高实习实践教学质量，结合我校实际情况，制订本方案。

一、与其他文件关系

(一) 本方案以《厦门华厦学院本科实习实践评估指导意见》为依据和指导，是对本科实习实践评估在实施层面的具体说明。

(二) 实习实践教学质量请参照《厦门华厦学院本科实习实践教学通用质量标准》。

(三) 《厦门华厦学院本科实习教学质量评估指标》提供了对实习课程教学的评价指标体系。

(四) 实习课程评估专家通过多种方式，全方位、多角度地收集实习课程质量信息，并完成厦门华厦学院本科实习教学质量评估指标表。

二、厦门华厦学院本科实习实践评估机构

(一) 教学质量监控办公室主导实习实践的校级评估，负责评估结果的反馈、

发布、解释，并指导改进。

（二）教学质量监控办公室负责本科实习实践校级评估的具体组织实施，由专家评估组开展对全校本科实习实践教学的抽评检查。

（三）各教学单位根据本单位实际情况，通过专业教学指导委员会、院（部）级督导组等机构，或成立本科实习实践评估工作组、院级实践教学检查小组等，开展实习实践的院级评估。

三、厦门华厦学院本科实习实践评估工作流程

本科实习实践课程校级评估的过程及时间节点如下。

（一）成立实习课程评估组：春季学期第8周

1. 教学质量监控办公室组织并确定最终参加评估的专家评估组。

2. 各教学单位向教学质量监控办公室报送本单位实习实践评估秘书，负责本单位与教学质量监控办公室之间的衔接与沟通。

（二）确定实习课程评估对象：春季学期第9周

1. 根据教学质量监控办公室实习实践评估工作总体安排，对各教学单位本科实习课程开展4学年一轮的全覆盖评估。

2. 教学质量监控办公室每学年按25%的比例抽取各教学单位的本科实习课程并开展评估，原则上所有教学单位的实习课程只开展一次初评，即评估周期内已经抽评的实习课程不再进入抽取候选名单。

3. 对上一轮评估结果为"合格"或"待改进"的实习课程自动进入复评名单，根据评估情况，按照评估程序针对上次评估的弱项开展复评。

4. 每学年将拟开展初评与复评的实习课程名单在教务处网站公示，同时以邮件形式通知课程所在教学单位。各教学单位应尽快通知课程教师做好评估准备。

（三）实习课程质量保障信息收集：春季学期第11周—秋季学期第3周

1. 教学质量监控办公室本科实习课程评估组在组长的组织协调下，商定组内的评估方式，确定信息搜集的途径，同时确定每位专家的分工。

2. 本科实习实践质量信息搜集包括但不限于以下途径。

（1）审查实习教学大纲、实习教学计划、实习教材、实习指导书等；

（2）实习课程现场观摩；

（3）审阅学生的实习日志、实习作业、实习报告、实习手册、校内外实习指导教师成绩评定表等；

（4）组织教师、学生、校友、企业代表进行访谈、问卷调查；

（5）查询实习基地文档等。

（四）本科实习课程评估与反馈：秋季学期第4周

1. 初评实习课程

（1）教学质量监控办公室本科实习课程评估组基于收集的质量保障信息，根据本科实习实践通用质量标准和评估指标，对教学单位本科实习课程给出初评结果，包括评估等级和改进建议两部分，完成厦门华厦学院本科实习教学质量评估指标表。

（2）厦门华厦学院本科实习课程的初评结果分为优秀、良好、合格、待改进4个等级，具体评价指标和等级划分标准请参照《厦门华厦学院本科实习教学质量评估指标》。

（3）教学质量办公室审议后，将本科实习实践课程专家评估报告反馈给教学单位，教学单位须将评估结果反馈给实习指导教师和学生，并组织其对存在的问题进行整改。

2. 复评实习课程

（1）教学质量监控办公室本科实习课程评估组按照评估程序对每门复评实习课程的持续改进情况进行评估，评估的主要依据是初评时评估组反馈的改进建议，主要考察课程是否建立了持续改进机制，以解决课程存在问题。

（2）复评结果分为三个等级：显著改进、部分改进、无改进。

（3）对于部分改进的实习课程，在下一轮实习课程评估中继续复评；对于无改进的实习课程，向教学单位发放整改通知。

四、厦门华厦学院本科实习实践评估结果应用

（一）本科实习实践质量保障情况全部按教学单位记录并存档。

（二）实习课程评估结果将作为学校对各教学单位年度本科教学工作考核的重要指标之一。

厦门华厦学院本科实习实践教学质量评估指标

教学单位：_____ 适用专业：_____ 适用年级：_____

实习类型：_____ 实习名称：_____ 对应课程名称：_____

评估专家：_____ 评估时间：_____

序号	评估指标	评分依据	评价等级			
			优秀	良好	合格	待改进
1	教学目标与学习成果	1.1 实习教学目标设置合理、明确，能够有效支持专业培养目标与毕业要求的达成； 1.2 课程对学生学习成果有明确的评价方法，相关证明材料及其分析能够清晰反映学生的课程学习成果，且这些学习成果与教学目标相对应； 1.3 学生认真填写实习日志，记录详细；实习报告数据准确，撰写规范，能够很好反映实习成果； 1.4 实习教学能够有效提升学生创新精神、实践能力和综合素质，能够帮助学生了解社会与行业				
2	教学内容与教学策略	2.1 课程教学内容与教学目标相对应，支持教学目标达成，实习大纲内容完整、详细、清晰； 2.2 尊重学科认知规律和学生实际学情，能够不断激发学生学习兴趣和学习潜力，有效达成教学目标； 2.3 实习教学计划表内容完整、详细；实施方案具体，实习过程记录详尽，落实计划措施得力，经费使用合理高效； 2.4 对学生进行了安全教育和实习安排，建立了明确的实习纪律，并严格执行，对学生到位情况有检查记录，遵守安全、保密和劳动保护等有关规定，学生无违纪和事故发生； 2.5 能够有效并恰当地处理实习教学中的突发事件				

续表

序号	评估指标	评分依据	评价等级			
			优秀	良好	合格	待改进
3	教学资源与学习支持	3.1 课程为学生提供了丰富且有效的实习学习资源，并指导学生如何高效获取并使用学习资源； 3.2 通过多种方式为学生实习提供足够支持与指导，包括实习方法指导等。关注学习困难学生，为其提供支持以使其顺利完成实习课程； 3.3 校内指导教师赴企业指导记录表撰写认真详细，反映教师悉心指导，能够有效及时地帮助学生解决在实习实践中遇到的问题； 3.4 课程关注学生的实习情况，利用各种技术手段收集与学生实习相关的信息和数据，积极开展关于教与学的研究，通过总结反思不断改进实习教学				
4	成绩评定与反馈	4.1 所采用的成绩评定办法与标准能够客观且公正评价学生的实习表现，特别是确保了同一课程代码下多个实习队之间评分标准的一致性； 4.2 成绩评定包含多个考核项目，各项目设置以及所占比重合理，能有效评价学生在教学目标上的达成度； 4.3 设置的合理的考核项目使得学生在整个实习过程中都能持续努力，促进教学目标达成； 4.4 对学生在实习课程中的表现进行及时且充分的反馈，以帮助学生不断改进学习； 4.5 实习指导老师能够及时撰写教学工作总结，为实习基地建设和后续实习开展提供持续改进的依据				
5	基地条件	5.1 合作单位在专业领域有较强的实力，能够提供学生实习所需足够的空间和时间，实习基地周围食宿便利，能保障实习的有序开展； 5.2 能提供有丰富工程实践背景的实习指导教师，认知实习课程每位指导教师指导学生数不超过班级人数，生产性实习、毕业实习课程每位教师指导学生数不超过30人； 5.3 签署有效协议并建立了长期稳定的合作关系				
总体评价						

说明：一般来说，被抽评的本科实习课程中优秀占20%，良好占30%，合格在前80%，后20%为待改进

附录4　厦门华厦学院本科毕业设计（论文）通用质量标准

一、适用范围

本标准适用于厦门华厦学院本科毕业设计（论文）工作的开展与评估。

二、与其他文件关系

1. 本文件主要给出本科毕业设计（论文）的质量标准与教学规定。

2. 本科毕业设计（论文）工作标准请参照《厦门华厦学院毕业设计（论文）工作规定》。

3. 本科毕业设计（论文）查重标准请参照《厦门华厦学院本科生毕业设计（论文）查重管理办法》。

三、质量标准

厦门华厦学院本科毕业设计（论文）质量标准包含以下4个方面。

（一）教学目标与内容

1. 本科毕业设计（论文）应当能够支持专业培养目标和毕业要求达成。

2. 本科毕业设计（论文）应涵盖知识、能力、素质等多个维度的目标，促进学生综合素养的提升。

3. 本科毕业设计（论文）内容与教学目标要相对应，深度广度适当，有助于教学目标的完成。

4. 要尊重学科认知规律和学生实际学情，能够不断激发学生学习兴趣和学习潜力，有效达成教学目标。

（二）成绩评定与反馈

1. 对本科毕业设计（论文）的考核应与培养目标相对应，支持培养目标达成。

2. 成绩评定应包含指导教师成绩、同行评阅人成绩和一次答辩成绩，各成绩所占比重应合理，能有效评价学生在培养目标上的达成度。

3. 应通过设置合理的考核项目使得学生在整个完成毕业设计（论文）的过程中都能持续努力，促进教学目标达成。

4. 应及时将考核情况反馈给学生，帮助学生更好地完成毕业设计（论文）。

5. 对于同一专业本科毕业设计（论文），须遵循统一的考评标准与考评方法。

（三）学习成果

针对本科毕业设计（论文）教学目标，学生经过毕业设计（论文）教学过程后，在知识、技能、能力和素质等方面的收获和提高程度要达到教学大纲要求的水平，要对学生的成长与发展有积极的影响，这种影响在毕业设计（论文）完成后能在学生学习中发挥持续的积极作用，为学生进入不同社会群体或工作领域做准备。

相关证明材料及其分析结果要能够清晰反映学生的学习成果，且这些学习成果与教学目标相对应。

（四）指导过程

1. 制定合理的计划进度并严格执行。

2. 能够为学生提供丰富且有效的学习资源，并指导学生如何高效获取并使用学习资源。

3. 为学生的毕业设计（论文）的完成提供足够支持与指导，包括方法指导、答疑等。

4. 能够及时发现学习困难的学生，帮助他们度过困难期并顺利完成毕业设计（论文）。

四、本科毕业设计（论文）教学规定

本科毕业设计（论文）原则上均应遵守以下规定，若遇特殊情况无法遵守时，应在毕业设计（论文）指导工作正式开始之前提出申请，经教学单位批准并报教务处备案后方可施行。

（一）选题要求：力求与社会、生产和科研实践相结合。

应根据培养目标，围绕本学科和专业特色选择有一定实用价值的，能对所学课程知识、实践能力进行综合训练的题目。选题应注重创新。题目应有一定的研究难度，有饱满的工作量，并能体现教学计划中对基本知识、基础理论、基本技能的要求以及对能力、知识结构的基本要求，鼓励教师结合科研项目拟定毕业论文题目，并鼓励学生自主选题，培养学生运用理论知识解决实际问题的能力。

（二）审题要求：专业与学院两级严格审查。

学院应切实做好审题工作，组织各专业根据专业培养计划和选题要求制定选题细则，确定审题专家组成员，落实审题程序。学院毕业设计（论文）领导小组须严格把关，确保题目质量。

（三）指导要求：严格审查指导教师及进行毕业设计（论文）学生资格。

毕业设计（论文）指导教师应当由具备讲师及以上职称的，学术水平较高且具有较丰富实践教学经验的教师或工程技术人员担任，原则上要求有教授、副教授等相应职称。专任教师必须指导毕业设计（论文）。务必做到每个学生一人一题。每位指导教师指导的学生数：中级职称教师，文法经管类原则上不超过6人，理工类不超过4人；副高以上职称教师，文法经管原则上不超过10人，理工类不超过8人；若个别教师因情况特殊需要超过规定人数的应报学院审查、教务处备案，并需安排助教协助指导。毕业设计（论文）的进行时间应不少于10周。

指导教师是毕业设计（论文）的质量责任人，必须保证有足够的时间和精力投入指导工作中，原则上要求指导教师应保证至少每周与每个学生直接见面一次，每月进行一次阶段性检查，并提出评价和指导意见。

（四）答辩：严格审查毕业设计（论文）质量及毕业设计（论文）学生答辩资格。

毕业设计（论文）书写必须严格按照规范要求执行。学院应做好学生答辩资格审查工作，对于不符合毕业设计（论文）质量要求的学生，学院必须取消其本次毕业设计（论文）答辩资格，责令学生进行整改，延期答辩。学院应当组织审查毕业设计（论文）的指导教师、评阅教师及答辩委员会的意见和成绩评定是否恰当，各种工作表格填写是否规范。

厦门华厦学院本科毕业设计（论文）评估指导意见

一、厦门华厦学院本科毕业设计（论文）评估原则

因为本科毕业设计（论文）评估工作兼具系统性和专业性的特点，不同的本科毕业设计（论文）既具有共同的特征，同时又因不同专业之间学科特点和人才培养目标的不一样，存在不同程度的差异性。因此，要科学地评价本科毕业设计（论文），应坚持以下原则。

（一）系统性原则。通过研究本科毕业设计（论文）的一般模式、结构和规律，找出共同特征和影响本科毕业设计（论文）质量的关键所在。

（二）专业性原则。本科毕业设计（论文）应根据不同专业特点区别对待，其评价应综合体现各专业特点、人才培养目标和学校特色，从而对本科毕业设计（论文）作出最有效和最合理的价值判断。

（三）可操作性原则。本科毕业设计（论文）的各项指标应明确，可实际观测或考评，并尽量将指标量化，避免印象分、主观分占据较大比重。

（四）公平性原则。客观反映本科毕业设计（论文）撰写过程及质量，同一专业要遵循统一的目标、考评内容、考评标准和考评方法，同时要组织多方主体对论文质量进行考评，形成全评与抽评、指导教师评审与交叉评审相结合的多元评价机制，强化评价过程的开放透明和评价结果的公开公正。

二、厦门华厦学院本科毕业设计（论文）评估目标

本科毕业设计（论文）评估目标主要包括两个方面：一是保证所有的本科毕业设计（论文）达到厦门华厦学院本科毕业设计（论文）的最低质量标准，并在此基础上不断促进本科毕业设计（论文）的质量提升；二是全面评价本科教学工作，为提高学校人才培养质量奠定基础。

三、厦门华厦学院本科毕业设计（论文）评估对象

本科毕业设计（论文）的评估对象包括毕业论文和毕业设计两种形式。

（一）本科毕业设计

本科毕业设计是高等学校技术科学专业及其他需培养设计能力的专业或学科应届毕业生的总结性独立作业，通常要求学生针对某一课题，综合运用本专业有关课程的理论和技术，作出解决实际问题的设计。

（二）本科毕业论文

本科毕业论文是按照教学计划的要求，由本科生在完成学业获取学士学位前，在专业教师的指导下，独立撰写的习作性的学术性论文。

四、厦门华厦学院本科毕业设计（论文）评估机构

（一）教学质量监控办公室主导本科毕业设计（论文）的校级评估，并负责评估结果的发布和解释。

（二）教学质量监控办公室负责校级本科毕业设计（论文）评估过程的具体组织实施。针对不同类型的毕业设计（论文），由专家评估组，开展对全校本科毕业设计（论文）的抽评工作。

（三）各教学单位可根据本单位实际情况，通过专业教学指导委员会、院级督导组等机构，或成立本科毕业设计（论文）评估工作组，对毕业设计（论文）进行组织领导和全过程监控，开展本科毕业设计（论文）的院级评估，接受校级评估，反馈校级评估结果，并评估改进情况。

五、厦门华厦学院本科毕业设计（论文）评估方式

厦门华厦学院本科毕业设计（论文）评估以专家组抽查的方式开展。教学质量监控办公室每学年按每个教学单位毕业设计（论文）数量10%的比例抽取，对教学单位的本科毕业设计（论文）开展校级评估。

专家组依据但不限于以下途径收集本科毕业设计（论文）质量信息，根据质量标准和评价表对本科毕业设计（论文）质量及教学单位本科毕业设计（论文）

内部质量保障体系建设情况进行评价。

（一）审阅选题申报表、任务书、开题报告、文献综述、中期进展情况检查表、教师指导记录单、查重检测记录单、指导教师评分表、同行评阅人评分表、答辩记录表（含一辩、二辩）、本科毕业设计（论文）总评成绩单；

（二）审阅学生的毕业设计（论文）；

（三）组织教师、学生、校友、企业代表开展座谈、访谈、问卷调查。

厦门华厦学院本科毕业设计（论文）评估实施方案

本科毕业设计（论文）是实现学生培养目标的重要教学环节，其质量是衡量教学水平、学生毕业和学位资格认证的重要依据，也是实现学生培养目标的综合体现。为进一步确保本科毕业设计（论文）质量，建立和完善校内本科毕业设计（论文）评估制度，结合学校实际，制定本方案。

一、厦门华厦学院本科毕业设计（论文）评估对象

本科毕业设计（论文）的评估对象包括毕业论文和毕业设计两种形式。

（一）本科毕业设计

本科毕业设计是高等学校技术科学专业及其他需培养设计能力的专业或学科应届毕业生的总结性独立作业，通常要求学生针对某一课题，综合运用本专业有关课程的理论和技术，作出解决实际问题的设计。

（二）本科毕业论文

本科毕业论文是按照教学计划的要求，由本科生在完成学业获取学士学位前，在专业教师的指导下，独立撰写的习作性学术论文。

二、与其他文件关系

（一）本文件主要给出对校内本科毕业设计（论文）评估在实施层面的具体说明。

（二）本科毕业设计（论文）评估标准请参照《厦门华厦学院本科毕业设计

（论文）通用质量标准》。

（三）本科毕业设计（论文）评估指标请参照《厦门华厦学院本科毕业设计（论文）质量评估指标》。

（四）本科毕业设计（论文）管理办法请参照《厦门华厦学院本科毕业设计（论文）工作规定》。

三、厦门华厦学院本科毕业设计（论文）评估机构

（一）教学质量监控办公室主导本科毕业设计（论文）的校级评估，并负责评估结果的发布和解释。

（二）教学质量监控办公室负责校级本科毕业设计（论文）评估过程的具体组织实施，针对不同类型的毕业设计（论文），由专家评估组开展对全校本科毕业设计（论文）的抽评工作。

（三）各教学单位根据本单位实际情况，通过专业教学指导委员会、院（部）级督导组等机构，或成立本科毕业设计（论文）评估工作组，对毕业设计（论文）工作进行组织领导和全过程监控，开展本科毕业设计（论文）的院级评估，接受校级评估，反馈校级评估结果，并评估改进情况。

四、厦门华厦学院本科毕业设计（论文）评估方式

厦门华厦学院本科毕业设计（论文）评估以专家组抽查的方式开展。教学质量监控办公室每学年按每个教学单位毕业设计（论文）数量10%的比例抽取，对教学单位的本科毕业设计（论文）开展校级评估。

专家组依据但不限于以下途径收集本科毕业设计（论文）质量信息，根据质量标准和评价表对本科毕业设计（论文）质量及教学单位本科毕业设计（论文）内部质量保障体系建设情况进行评价。

（一）审阅选题申报表、任务书、开题报告、文献综述、中期进展情况检查表、教师指导记录单、查重检测记录单、指导教师评分表、同行评阅人评分表、答辩记录表（含一辩、二辩）、本科毕业设计（论文）总评成绩单；

（二）审阅学生的毕业设计（论文）；

（三）组织教师、学生、校友、企业代表开展座谈、访谈、问卷调查。

五、厦门华夏学院本科毕业设计（论文）评估方式

本科毕业设计（论文）评估过程及时间节点如下。

（一）成立本科毕业设计（论文）评估组：春季学期第 2 周

1. 教学质量监控办公室组织并确定本学年参加本科毕业设计（论文）评估的专家评估组，并成立本科毕业计（论文）评估组。

2. 各教学单位报送本单位本科毕业设计（论文）评估秘书，负责本单位与教学质量监控办公室评估工作的衔接与沟通。

（二）确定评估的本科毕业设计（论文）：春季学期第 15 周

1. 教学质量监控办公室依据不同的学科门类和教学单位本科生人数，按比例抽取一定数量的毕业设计（论文）开展评估。

2. 将每学年拟开展评估的本科毕业设计（论文）的数量和名单在教务处网站公示，同时以邮件形式通知教学单位教学负责人和本科毕业设计（论文）评估秘书。

（三）教学单位提交本科毕业设计（论文）资料：春季学期第 16 周

教学单位在春季学期第 16 周向学校本科毕业设计（论文）评估组提供本科毕业设计（论文）档案资料。

（四）本科毕业设计（论文）评估与结果反馈：春季学期第 17-18 周

1. 教学质量监控办公室本科毕业设计（论文）评估组对学生的毕业设计（论文）开展评估。

2. 评估过程及结果

（1）教学质量监控办公室本科毕业设计（论文）评估组对教学单位提交的毕业设计（论文）及相关资料给出初评结果。初评结果包括评级结果和改进意见建议两个部分。评级结果共分 4 个等级：优秀、良好、合格、待改进。

（2）教学质量监控办公室以会议形式对各本科毕业设计（论文）评估组提交的评估等级为"合格"和"待改进"的毕业设计（论文）进行重点审议，确定最终评级。

（3）教学质量监控办公室应以本科毕业设计（论文）评估报告形式及时向各教学单位反馈评估结果，教学单位须将结果反馈给对应导师，及时修正存在问题。

六、厦门华厦学院本科毕业设计（论文）评估结论与应用

（一）本科毕业设计（论文）保障情况（过程和结果）等全部记录并存档。

（二）学校每学年将组织"优秀毕业设计（论文）"和"优秀毕业设计（论文）指导教师"的评选，对本科毕业设计（论文）质量较高的教学单位进行表彰。

（三）本科毕业设计（论文）评估结果将作为学校对各教学单位年度本科教学工作考核的重要指标之一。

厦门华厦学院本科毕业设计（论文）质量评估指标

教学单位：_____ 毕业设计（论文）题目：_____

指导教师：_____ 学生姓名：_____ 班　级：_____

学　　号：_____ 审阅人：_____

序号	评估指标	评估要求	评估资料	等级			
				优秀	良好	合格	待改进
1	教学目标与内容	1.1 毕业设计（论文）能够有效支持毕业要求和培养目标的达成，涵盖了知识、能力、人格与价值等多个维度的目标。尤其是工科专业通过毕业设计（论文）能够有效提高学生解决复杂工程问题能力。 1.2 本科毕业设计（论文）内容与教学目标相对应，深度广度适当，支持教学目标达成。	1.毕业设计（论文）； 2.毕业设计（论文）任务书； 3.毕业设计（论文）开题报告； 4.其他需要的相关资料。				

续表

序号	评估指标	评估要求	评估资料	等级			
				优秀	良好	合格	待改进
1	教学目标与内容	1.3 选题来源于生产、科研实际，与社会经济发展密切结合，反映了本专业领域的发展水平和前沿动态，具有先进性； 1.4 选题深度、广度、难度适中，既能够综合应用专业知识，同时具有跨学科内容，综合考虑社会、健康、安全、法律、文化以及环境等因素，能够为学生今后承担相关工作奠定基础； 1.5 任务书中清楚阐述了毕业设计（论文）工作目的意义，对学生需要完成的任务有详细清晰的描述，时间进度安排合理可行； 1.6 尊重学科认知规律和学生实际学情，能够不断激发学生学习兴趣和学习潜力，有效达成教学目标	1. 毕业设计（论文）； 2. 毕业设计（论文）任务书； 3. 毕业设计（论文）开题报告； 4. 其他需要的相关资料。				
2	成绩评定与反馈	2.1 对本科毕业设计（论文）的考核能够与教学目标相对应，支持教学目标达成； 2.2 对毕业设计（论文）的成绩评定应包含多个考核项目（文本撰写质量得分、答辩得分和过程分等），各项目设置以及所占比重是合理的，能有效评价学生在教学目标上的达成度； 2.3 设置合理的考核项目使得学生在整个完成毕业设计（论文）的过程中都能持续努力，促进教学目标达成；	1. 毕业设计（论文）； 2. 毕业设计（论文）答辩记录表； 3. 毕业设计（论文）总评成绩单； 4. 其他需要的相关资料。				
		2.4 及时将考核情况反馈给学生，帮助学生更好地完成毕业设计（论文）； 2.5 得分与质量具有较高一致性； 2.6 对于同一专业本科毕业设计（论文），遵循了统一的考评标准与考评方法； 2.7 答辩记录表有较详细答辩记录，反映答辩过程严谨，要求严格	1. 毕业设计（论文）； 2. 毕业设计（论文）答辩记录表； 3. 毕业设计（论文）总评成绩单； 4. 其他需要的相关资料				

续表

序号	评估指标	评估要求	评估资料	等级 优秀	等级 良好	等级 合格	等级 待改进
3	学生学习成果	3.1 针对本科毕业设计（论文）教学目标，经过毕业设计（论文）教学过程，学生在知识、技能、能力和素质等各方面的收获和提高程度达到了教学大纲要求的水平，对学生的成长与发展带来了积极的影响； 3.2 文本撰写质量高：论文逻辑结构清楚，写作流畅，能够很好反映完成工作情况；中英文摘撰写质量较高，关键词提炼准确；参考文献全面、准确，引用恰当；研究现状归纳充分、清晰；目录、文本、参考文献、图、表、公式、符号、缩略词等符合规范；英文翻译通顺流畅，无明显错误。论文总文字复制比例不高于30%； 3.3 对于毕业设计，有明确设计目标和要求，采用的解决方案合理可行，完成工作量饱满，有相应测试、验证或分析结果，证明相关工作达到设计要求；对于毕业论文，在提出新见解、新观点、新方法等方面有一定创新意识，同时论文应该通过实验、调查、分析、论证等方式证明其工作的创新性； 3.4 相关证明材料及其分析能够清晰反映学生的学习成果，且这些学习成果与教学目标相对应	1.学生的毕业设计（论文）； 2.本科毕业设计（论文）指导教师评阅表； 3.本科毕业设计（论文）同行教师评阅表； 4.其他需要的相关资料				
4	指导过程	4.1 指导记录撰写认真详细，反映教师悉心指导，能够有效及时地帮助学生解决在毕业设计（论文）中遇到的问题； 4.2 能够为学生提供丰富且有效的毕业设计（论文）资源，并指导学生如何高效获取并使用这些资源； 4.3 指导教师意见与同行评阅人意见撰写认真，能够客观、全面、准确评价毕业设计（论文）相关工作； 4.4 按照学校及学院要求，文档材料完整，有相关责任人签名，无缺项。	1.学生的毕业设计（论文）； 2.本科毕业设计（论文）中期进度情况检查表； 3.本科毕业设计（论文）教师指导记录单； 4.其他需要的相关资料				
	总体评价						
	改进意见和建议						

参考文献

[1] 中华人民共和国教育部. 2021年全国教育事业发展统计公报[EB/OL]. http://www.moe.gov.cn/jyb_sjzl/sjzl_fztjgb/202209/t20220914_660850.html, 2022-09-04.

[2] 沈新建. 新中国70年我国民办高等教育发展展演进路径[EB/OL]. 中国社会科学网, 2020-01-02. http://ex.cssn.cn/zx/202001/t20200102_5069724.shtml.

[3] 阙明坤, 费坚, 王慧英. 改革开放四十年民办高等教育发展回顾、经验与前瞻[J]. 高校教育管理, 2019, 13 (01): 11-18+35.

[4] 史秋衡, 张坤. 民办高校发展的内在逻辑: 重构与转型路径[J]. 高校教育管理, 2020, (4).

[5] 民办高校行业深度分析及"十三五"发展规划指导研究分析报告[EB/OL]. 中国报告大厅网, 2020-01-14. http://m.chinabgao.com/report/5462893.html.

[6] 陈光. 转型时期我国民办高校治理模式研究[D]. 南京: 南京师范大学, 2013.

[7] 民办学校_百度百科（baidu.com）.

[8] 中华人民共和国国务院. 中华人民共和国民办教育促进法实施条例[EB/OL]. https://flk.npc.gov.cn/detail2.html?ZmY4MDgxODE3YjYzYjkzNTAxN2I3YjAwNjNjMTc5YjM, 2021-04-07.

[9] 潘燕星. 区域经济视野下民办高校人才培养研究——以福建省为例[D]. 福州: 福建师范大学, 2022.

[10] 潘懋元, 石慧霞. 应用型人才培养的历史探源[J]. 江苏高教, 2009 (01): 7-10.

[11] 吴中江, 黄成亮. 应用型人才内涵及应用型本科人才培养[J]. 高等工程教

育研究, 2014 (02): 66-70.

[12] 华小洋, 蒋胜永, 朱志勇. 试论应用型人才培养体系的建构 [J]. 高等工程教育研究, 2017 (06): 100-104.

[13] 胡建锋. 应用型人才培养的现实困境与逻辑路径——兼论"项目教学法"的适用性 [J]. 中国职业技术教育, 2021 (26): 24-29.

[14] 陈裕先, 谢禾生, 宋乃庆. 走产教融合之路培养应用型人才 [J]. 中国高等教育, 2015 (Z2): 41-43.

[15] 彭志武. 应用型人才的多样性与职业教育体系的完整性 [J]. 黑龙江高教研, 2008 (11): 84-86.

[16] 唐毅谦, 陈琳, 王钟箐等. 构建分类培养体系培养高素质应用型人才——以成都学院为例 [J]. 中国大学教学, 2010 (01): 34-36.

[17] 刘焕阳, 韩延伦. 地方本科高校应用型人才培养定位及其体系建设 [J]. 教育研究, 2012, 33 (12): 67-70+83.

[18] 潘懋元, 董立平. 关于高等学校分类、定位、特色发展的探讨 [J]. 教育研究, 2009, 30 (02): 33-38.

[19] 胡璋剑. 应用型人才培养新论 [M]. 北京: 中国社会科学出版社, 2009.

[20] 张元宝, 沈宗根. 本科职业教育视角下的应用型人才培养 [J]. 教育与职业, 2018 (13): 57-62.

[21] 黄珍. 基于能力本位的地方高校应用型人才培养模式研究 [D]. 上海: 华东理工大学. 2021.

[22] 怀进鹏. 加快推进教育高质量发展奋力谱写贯彻落实党的二十大精神教育华章 [J]. 学习时报, 2023 (1).

[23] 黄珊. OBE 理念下地方本科. 院校校企协同应用型人才培养研究 [D]. 黑龙江: 东北石油大学, 2020.

[24] 谢作栩, 马丁·特罗. 高等教育大众化理论述评 [J]. 现代大学教育, 2001 (05): 13-18.

[25] Reichert. s., and C. Tauch. 2004. Reforming Europe's higher education area: As the fog clears, new obstacles emerge. International Educator 13 (1): 34-41.

[26] 朱方来. 中德应用型人才培养模式的比较研究与实践 [M]. 北京: 清华大学

出版社，2014.

[27] A. Yu. Pleshakova. Germany's dual education system：The assessment by its subjects[J]. Obrazovanie Inauka，2019，21（5）：130-156.

[28] Gatsnik. Dual Education：The Win-Win Model of Collaboration between Universities and Industry[J]. International Journal of Engineering Pedagogy，2018，8（3）：145-152.

[29] 陈莹. 德国双元制高等教育体系研究 [J]. 外国教育研究，2015，42（06）：119-128.

[30] Davis Jenkins，Hana Lahr，John Fink&Elizabeth Ganga. What We Are Learning About Guided Pathways Part1：A Reform Moves From Theory to Practice[R]. CCRC，2018：1-6.

[31] Finn. The spaces between：Toward a new paradigm for cooperative education. [J]. Journal of Cooperative Education. 1997，32（2）：36.

[32] Myers Ella. Co-op Povides on-the-job Education. [J]. Northern Ontario Business，2016，36（8）：23-24.

[33] 任海波. 美国高等院校本科应用型人才培养模式研究 [J]. 黑龙江畜牧兽医，2017（06）：266-268.

[34] 朱小军. 应用型高校产教融合人才培养模式研究——基于美国社区学院办学经验、典型模式的启示 [J]. 职教论坛，2020，36（10）：123-129.

[35] 杜才平. 英国多科技术学院的办学定位与人才培养 [J]. 高等教育研究，2011，32（12）：104-109.

[36] 陈新忠，卢瑶. 分流施教：英国多科技术学院应用型人才培养的经验与启示 [J]. 教育与职业，2016（23）：23-27.

[37] Moore J. P. Sandwich and Co-operative Education. [J]. Industrial and Commercial Training，1978，10（11）：453-454.

[38] Mander M. Sandwich course-educational advance or modern luxury. [J]. Physics Education，1979，14（3）：134-137.

[39] Emma Copeman. Estimating participation in education，training and employment[J]. Labour Market Trends，2001，109（335）：343.

[40] 徐同文，陈艳. 英国大学应用型人才培养机制探析及启示 [J]. 高等工程教育研究，2013（04）：111-115.

[41] Liber, Japanese practical higher vocational education mode based on the cooperation of industry, university and Government Education and careers, 2017（13），pp. 104-109.

[42] 刘翠兰，征艳珂. 民办本科院校应用型人才培养模式的探索与实践 [M]. 济南：山东大学出版社，2012.

[43] Moore J. P, Sandwich and Co-operative Education, Industrial and Commercial Training, 1978, 10（11），pp. 453-454.

[44] 张家勇，朱玉华. 耶鲁大学本科人才培养模式探析 [J]. 北京教育（高教版），2012（10）：77-80.

[45] 张福勇. 澳大利亚人才培养模式对我国人才培养的启示——以迪肯大学与东莞理工学院为例 [J]. 大学教育，2020（05）：156-158.

[46] 李志. 基于中国制造业强国建设的技能人才队伍建设研究 [M]. 北京：中国社会科学出版社，2017.

[47] 李萍. 民办本科院校应用型人才培养现状及对策研究——以南昌理工学院为例 [D]. 南昌：江西农业大学，2017.

[48] 刘耘. 务实致用：对地方应用型人才培养模式的探索 [J]. 中国高教研究，2006，（5）：7-9.

[49] 宋克慧，田圣会，彭庆文. 应用型人才的知识、能力、素质结构及其培养 [J]. 高等教育研究，2012，33（7）：94-98.

[50] 顾永安. 新建地方本科院校的转型发展 [M]. 北京：中国社会科学出版社，2012.

[51] 徐理勤，顾建民. 应用型本科人才培养模式及其运行条件探讨 [J]. 高教探索，2007（2）：57-60.

[52] 郭文莉. 转型与建构：行业背景地方高校工程应用型人才培养模式改革 [J]. 高等工程教育研究，2012（04）：25-33.

[53] 毛晨蕾，胡剑锋. 应用型人才培养模式在民办高校中的实践与创新研究 [J]. 教育评论，2018，（02）：32-35.

[54] 朱士中. 应用型本科人才培养的机制与模式创新——以常熟理工学院行业学院探索为例 [J]. 江苏高教，2016（05）：80-83.

[55] 李伟光，蒋柱武，梁恒等. 研究型和应用型大学传统工科专业新工科建设比较研究——以给排水科学与工程专业为例 [J]. 高等工程教育研究，2023（01）：27-32.

[56] 马亚红，范小娇，邢卓，等."新工科"背景下民办高校应用型本科物联网工程专业人才培养模式探讨 [J]. 课程教育研究，2019（8）：236-237.

[57] 秦亚冰. 民办应用型本科高校创业型人才培养模式的研究与实践 [J]. 投资与创业，2020（3）：11-13.

[58] 吴杏媚. 关于应用型本科院校产教融合人才培养模式的思考 [J]. 吉林农业科技学院学报，2020，92（1）：100-104.

[59] 张艳，于水波."十四五"时期高校培养应用型人才的路径探索 [J]. 中国高等教育，2022（05）：51-53.

[60] 周笑非. 地方高校应用型人才培养中存在问题及对策研究 [J]. 智库时代，2019（36）：66-67.

[61] 常静. 关于地方本科高校应用型人才培养模式研究 [J]. 中国职业技术教育，2014，20：27-29.

[62] 李颖畅，李作伟，吕艳芳. 地方本科院校应用型人才培养模式探析 [J]. 中国电力教育，2014（30）：19-20.

[63] 唐景莉，刘志敏. 高校转型：重构高教核心价值——访国家教育咨询委员、中山大学原校长黄达人 [J]. 中国高等教育，2015（07）：24-35.

[64] 孙秋柏. 应用型人才培养中的问题成因及对策 [J]. 现代教育管理，2013（10）：74-78.

[65] 刘振天. 学术主导还是取法市场：应用型高校建设中的进退与摇摆 [J]. 高等教育研究，2019，40（10）：21.

[66] 黄珍. 基于能力本位的地方高校应用型人才培养模式研究 [D]. 上海：华东理工大学. 2021.

[67] 秦和. 进一步推动民办高校高质量发展 [J]. 人民政协报，2023（5）.

[68] 苏姗. 民办高校服务区域经济社会发展的对策研究 [D]. 保定：河北大学，

[69] 王琳玮. 民办高校与区域经济社会互动发展的探索与实践 [J]. 科技创业，2015（06）：10-12.

[70] 高培勇. 办学定位、办学特色和办学方略的探索与抉择——关于"如何办好中国社会科学院大学"问题的系统思索 [J]. 中国社会科学院大学学报，2022，42（01）：5-21+142.

[71] 吕跃森，孙惠利. 新建本科院校"办学特色"建设存在的问题及对策 [J]. 兰州教育学院学报，2017（09）：65-66+69.

[72] 周敏. 独立学院本科应用型人才培养模式研究 [D]. 武汉：武汉理工大学，2006.

[73] 程晓静，骆四铭. 民办高校本科专业设置和调整研究——基于 BCG 矩阵的视角 [J]. 现代教育科学·高教研究，2015（1）：76-79.

[74] 孙晓洁. 民办本科高校应用技术型人才培养问题研究 [D]. 郑州：中原工学院，2019.

[75] 林蕙青. 高等学校学科专业结构调整研究 [D]. 厦门：厦门大学，2006.

[76] 潘奇，阙明坤. 民办本科院校专业设置的问题、成因与对策——基于 129 所民办本科院校的调查 [J]. 教育发展研究，2016（17）：79-84.

[77] 最新历年各级各类民办教育专任教师数汇总 [最新年鉴] —道客巴巴（doc88.com）.

[78] 孙杰. 韧性视角下民办高校师资队伍治理的逻辑理路 [J]. 江苏高教，2022（11）.

[79] Menges R J, Mathis B C. Key Resources on Teaching, Learning, Curriculum, and Faculty Development: A Guide to the Higher Education Literature[M]. San Francisco: Jossey-Bass, 1988.

[80] 徐雄伟. 民办教师专业发展影响因素的实证研究——以上海为例 [J]. 教育发展研究. 2017（07）.

[81] 别敦荣，石猛. 民办高校实施分类管理政策面临的困境及其完善策略 [J]. 高等教育研究，2020，41（3）：68-76.

[82] 向梅梅，刘明贵. 应用型本科高校实践教学研究 [M]. 广州：暨南大学出版

社，2011.

[83] 张鸿，李鑫. 崔慕岳民办高校实践教学体系重构研究 [J]. 中国成人教育，2013（10）：156-158.

[84] 敬艳丽，胡亚兰. 民办高校教学改革困境及出路探究——以成本会计学课程为例 [J]. 会计师，2022（18）：122-124.

[85] 聂晨，吕淑云，石美祺. OBE 教育理念下的高校课程建设存在的问题与对策 [J]. 科技风，2022（23）：17-19.

[86] 许苗苗，方纯洁. 民办应用型本科高校教师队伍转型发展初探 [J]. 湖南科技学院报，2016，37（06）：88-90.

[87] 甄程. 民办高校校企合作策略研究——以青岛 H 学院为例 [D]. 济南：山东建筑大学，2020.

[88] 尹江海，程培堽. 校企合作中的信息不对称及治理机制设计 [J]. 江苏高教，2021（07）：50-55.

[89] 蔡红梅. 研究型大学本科教学质量保证体系研究 [D]. 武汉：华中科技大学，2014.

[90] 傅雷鸣，杨明，罗远渊. 如何完善高等教育外部质量保障体系 [J]. 中国成人教育，2018（19）.

[91] 彭安臣，曾洁，赵显通. 高校内部教学质量保障体系：价值取向与技术实现 [J]. 复旦教育论坛，2018（1）：57.

[92] 阎凤桥. 民办教育政策推进为何缓慢？——基于组织行为决策视角的考察 [J]. 华东师范大学学报（教育科学版），2017（06）：11-17.

[93] 阙明坤，段淑芬. 我国民办高校改革发展成效、经验及展望——《教育规划纲要》实施十年审视 [J]. 大学教育科学，2021（2）：16-25.

[94] 钟秉林. 科学谋划励精图治创建高水平民办大学 [J]. 中国高等教育，2012（02）：28-30.

[95] 阙明坤，王佳丽. 我国民办高等教育政策的历史演变与逻辑理路——基于政策文本的质性分析 [J]. 中国高教研究，2020（2）：33-39.

[96] 吕跃森，孙惠利. 新建本科院校"办学特色"建设存在的问题及对策 [J]. 兰州教育学院学报，2017（09）：65-66+69.

[97] 潘春胜,刘聃.高校教师企业挂职质量监控体系探究[J].佳木斯教育学院学报,2012(10):128-129+143.

[98] 贺祖斌,刘微微.论独立学院转设后高质量发展路径[J].高等教育管理,2023(3):57-58.

[99] 杨凯,尹丽,车颖.转型发展背景下民办高校实践教学体系构建策略[J].期理论观察,2020(01):149-151.

[100] 姚温丽.转型发展背景下民办高校实践教学体系构建策略[J].文化创新比较研究,2019(16).

[101] 初晋华,张霞.民办高校实践教学体系的构建与实践[J].当代教育实践与教学研究,2020(10).

[102] 金妤.民办应用型本科高校实践教学管理体系构建与创新[J].中国成人教育,2021(03):15-20.

[103] 茹莉.转型发展背景下应用型本科高校系统性实践教学体系构建研究[J].宜春学院学报,2016,38(7):120-125.

[104] 胡元闯,陈冠萍,李玲.新工科背景下以职业认证为导向的网络工程人才培养模式探索与实践[J].中国多媒体与网络教学学报(上旬刊),2019(11):170-171.

[105] 周文辉,燕平.应用型高校教学质量监控与保障体系的构建与完善[J].职教论坛,2017(19).

[106] 胡义伟.论我国高等教育质量保障体系的构建——以发达国家经验为鉴[J].湘潭大学学报(哲学社会科学版)2009(4):152-154.

[107] Ellisr.(ed.) Quality Assurance for University Teaching[M]. Open University Press,1993.